Claus Spitzer-Ewersmann

Henning Alberti · Max Nemo Mertens

Süßes Hamburg

Cafés, Konditoreien, Restaurants und mehr

UMSCHAU

HH
meine
Perle

Inhalt

Hamburg

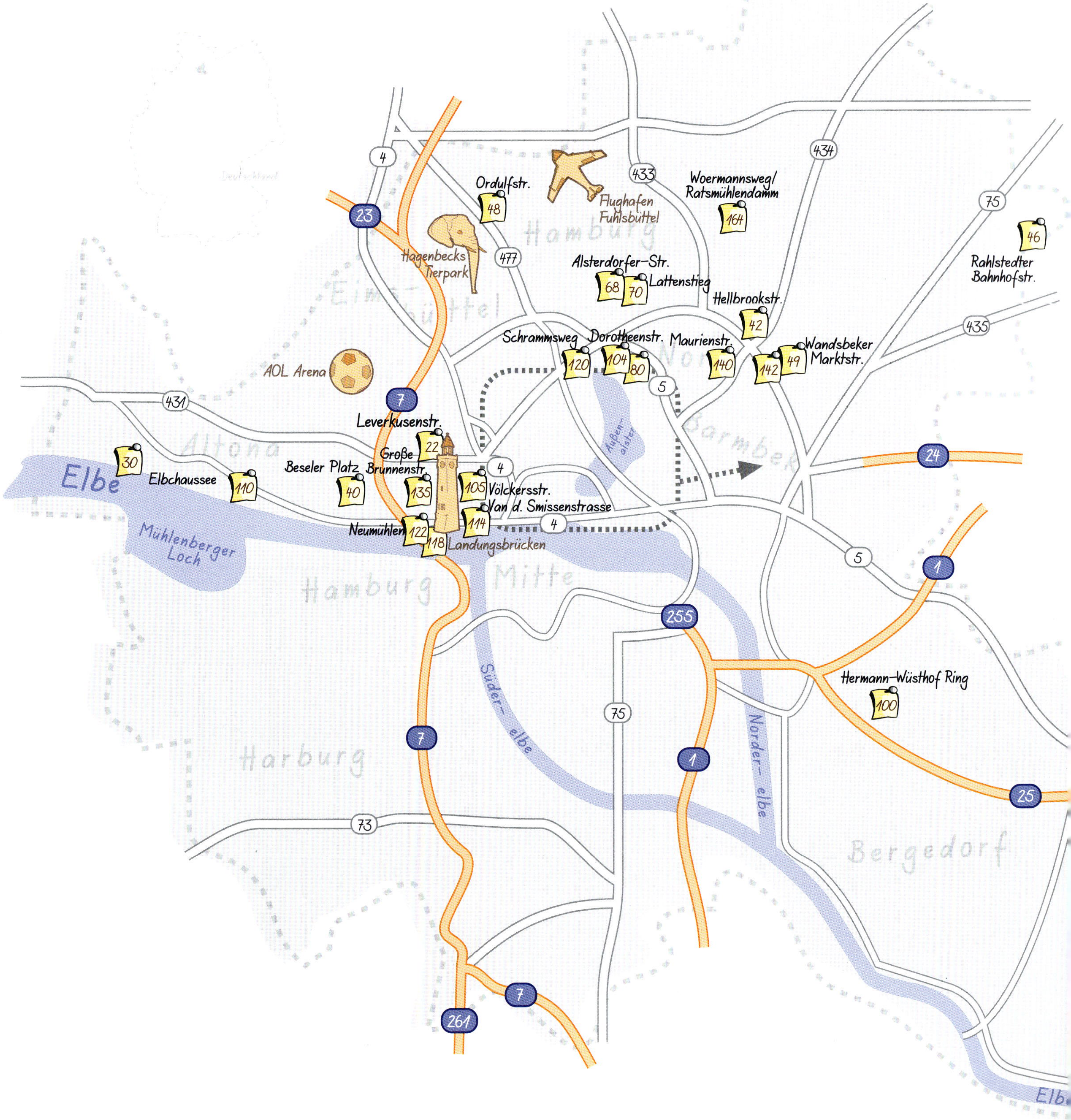
Ordulfstr.
48
Flughafen Fuhlsbüttel
Woermannsweg/ Ratsmühlendamm
164
46
Rahlstedter Bahnhofstr.
Hagenbecks Tierpark
Alsterdorfer-Str.
68
70
Lattenstieg
Hellbrookstr.
42
Schrammsweg
Dorotheenstr.
Maurienstr.
Wandsbeker Marktstr.
120
104
80
140
142
49
AOL Arena
Leverkusenstr.
22
Große Brunnenstr.
Beseler Platz
40
135
105
Völckersstr.
Van d. Smissenstrasse
114
Neumühlen
122
118
Landungsbrücken
30
Elbchaussee
110
Elbe
Mühlenberger Loch
Altona
Eimsbüttel
Hamburg
Nord
Barmbek
Außenalster
Hamburg Mitte
Harburg
Bergedorf
Süderelbe
Norderelbe
Hermann-Wüsthof Ring
100
4
23
433
434
75
477
435
431
7
5
24
1
255
25
73
261

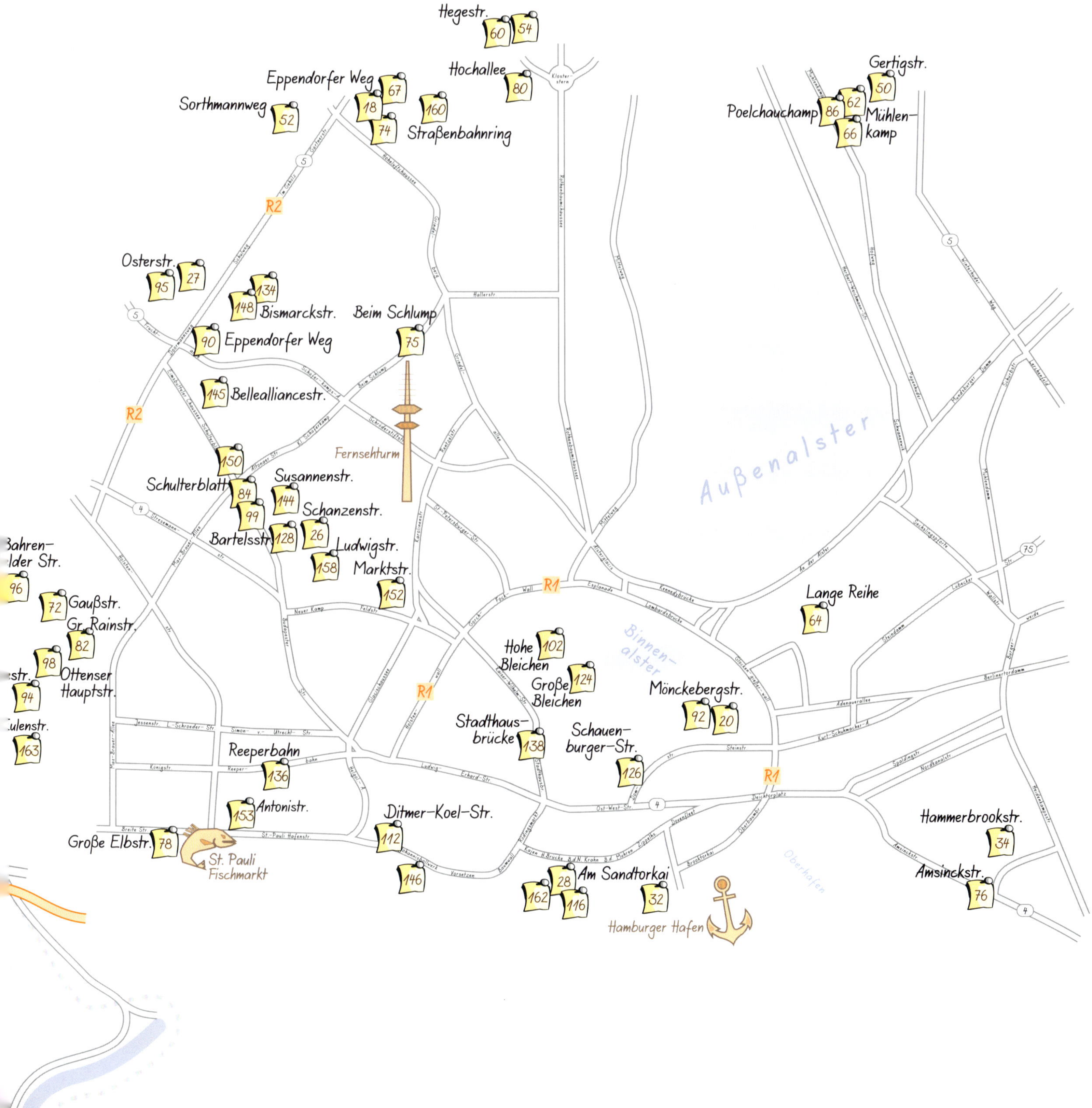

Die Zahlen 128 sind identisch mit den Seitenzahlen der einzelnen Betriebe in diesem Buch und bezeichnen ihre Lage in Hamburg.

Vorwort

Fisch. Natürlich Fisch. Die Frage nach typischen Hamburger Spezialitäten bleibt nicht lange unbeantwortet – wie meistens bei Städten, die nah am Wasser gebaut sind. Aber Hamburg hat kulinarisch viel mehr zu bieten. Das hängt selbstverständlich mit Lage und der Tradition der Stadt zusammen. Während andernorts in Deutschland noch nationalstaatliches Denken und Handeln vorherrschte, hatten die Hanseaten ihre Visitenkarten längst rund um den Globus verteilt. Die Handelsbeziehungen in alle Welt wurden innig gehegt und gepflegt. Fast täglich kamen neue Güter in die Stadt. So gewöhnten sich die Menschen an unbekannte Düfte und Geschmäcker.

Einige Lokalpatrioten bedauern heute, dass sich in der Folge keine typisch hamburgische Küche herauskristallisiert hat. Wahre Genießer freuen sich dagegen über die Einflüsse aus dem asiatischen Raum und den Mittelmeerländern, aus Lateinamerika, dem südlichen Afrika und Arabien. Oder möchte womöglich jemand auf Kaffee verzichten? Auf all die feinen Gewürze? Die unverschämt süßen portugiesischen Backstücke? Bagels, Capuccino, Sachertorte?

Es dürfte wenige Städte geben, deren Restaurant-, Kneipen- und Cafészene noch internationaler ausgeprägt ist als die hamburgische. Sie verfügt darüber hinaus über einen weiteren unschätzbaren Vorteil: Wer es sich hier zur Aufgabe gemacht hat, Gäste zu bewirten, ist in der Regel jung, kreativ und tatendurstig. Hier gibt es sie wirklich, die Konditoren, die mit frischem Wind Opas Backstube entstauben und dennoch nach Jahrhunderte alten Rezepten ihre Zutaten aufbereiten. Oder die kleinen Kaffeeröster, die trotz der erdrückend scheinenden Übermacht der Industrie hochwertigste sortenreine Ware aus Übersee heranschaffen, neue Mischungen erproben und mit exotischen Aromen experimentieren. Nur ein paar Straßenzüge weiter entsteht in einem ehemaligen Fabrikgebäude oder einer früheren Krankenstation ein gemütliches Bistro.

Eine bekannte hanseatische Qualität ist es, aus allem das Beste zu machen. Geklagt wird nicht. Es gibt immer eine Lösung. Dabei ist es nicht die Frage, ob man das Richtige tut, sondern nur, wann man es tut. Wer erlesene Schokolade liebt, aber keinen Laden findet, der sie verkauft, steigt selbst in den Handel ein. Wer sich im Asien-Urlaub von der gesunden fernöstlichen Kochkunst überzeugen ließ, eröffnet das ungewöhnlichste Thai-Restaurant der Stadt. Wer sich auf das Herstellen von Keksen versteht, wird zum Keksbäcker. Und wer direkt am Kanal ein Café betreibt, richtet einen vom Wasser aus erreichbaren Verkaufstresen für vorbeischauende Ruderer und Kanuten ein. „Coffee to go" gibt's schon lange, warum denn nicht auch „Coffee to row"?

Es gilt, die Stadt mit offenen Augen zu durchstreifen. Überall lauern kleine und große kulinarische Kleinode. Egal ob in Ottensen oder Blankenese, in Rahlstedt oder Fuhlsbüttel: Ganz Hamburg ist zum Tummelplatz lukullischer Ideen und zu einem Paradies für Genießer geworden. Dieses Buch präsentiert eine Auswahl der faszinierendsten und originellsten Adressen. Sie alle lohnen den Besuch. Nun liegt es an Ihnen, sich auf den Weg zu machen und Hamburgs schönste Seiten kennen zu lernen.

ALTENWERDER
HAMBURG D

HAMBURG

Rund um die Bohne

Dieser Mann muss ein starkes Herz haben. Rund zwei Liter Kaffee trinkt er am Tag. Er nippt an 120 Tassen. Rein beruflich, versteht sich. Christian Esselun ist Kaffeetester, ein Profi mit jahrelanger Berufserfahrung. Auf sein Urteil hören die großen Röster.

Der erste Blick des Kontrolleurs gehört den Bohnen. Haben sie den langen Transport aus Übersee schadlos überstanden? War die Lagerung okay? Wie ist es um Farbe, Geruch und Feuchtigkeitsgehalt bestellt? Alle Informationen werden ins Protokoll eingetragen. Dann die Geschmacksprobe. Esselun nimmt vorsichtig einen Löffel lauwarmen Testkaffee aus der Tasse, schaut, saugt und schlürft. „Dabei wird der Kaffee mit Sauerstoff angereichert und seine Oberfläche vergrößert", erläutert der Experte. Er rollt die Flüssigkeit im Mund hin und her, gurgelt und spuckt sie schließlich in den Ausguss. Und das Ganze zur Sicherheit wenig später noch ein zweites Mal. Anschließend macht sich der Tester Notizen, bewertet etwa Aroma, Säure und Fülle der Probe. „Man muss seine Geschmacks- und Riechorgane regelrecht trainieren und zudem viel von Kaffee wissen, um ihn richtig beurteilen zu können", sagt Esselun. Er hat sich seine Kenntnisse in mehr als 20 Jahren erworben. Während seiner Ausbildung zum Groß- und Außenhandelskaufmann musste er einst verschiedene Kaffee-

sorten mischen und aufbrühen. So näherte er sich Bohne für Bohne dem schwarzen Gold – und überzeugte am Ende die strengen Prüfer der Handelskammer mit einer rekordverdächtigen Leistung: Zehn Rohkaffees wurden ihm vorgestellt. Er erkannte sie alle. Beste Voraussetzungen, den Job gut zu machen.

Das Testergebnis ist Grundlage für die richtige Mischung von Qualitätskaffee. Esselun und seine geschmackssicheren Kollegen sind letztlich dafür verantwortlich, herauszufinden, welche Bohnen miteinander harmonieren. Zu ihren Aufgaben gehört es ferner, nach festgelegten Mustern genau jene Anbaugebiete auszufiltern, die der vorgegebenen Geschmacksrichtung entsprechen. Dabei spielt auch die Frage eine Rolle, ob die gewählten Sorten tatsächlich verfügbar sind.

Zu Hause lässt Christian Esselun keineswegs die Finger vom Kaffee. „Da kann ich perfekt abschalten und relaxen", sagt er und macht aus der Zubereitung eine liebevolle Zeremonie. Natürlich brüht er seinen Kaffee per Hand im Porzellanfilter auf. Für Freunde wirft er gerne seine kleine Röstmaschine an, um zu zeigen, wie unterschiedlich Kaffee schmecken kann. Nur das Gebräu, das so gerne in Thermoskannen ins Büro geschleppt wird, lässt ihn erschauern: „Da trinke ich doch lieber eine Tasse Tee."

Burgs Kaffeerösterei Hoheluft

Es ist eine Sache des richtigen Augenblicks. Jede Sekunde zählt. Erstaunlich, dass Jens Burg auf eine Stoppuhr verzichtet. „Gefühl ist alles", schmunzelt er. Und auf sein Gefühl kann er sich verlassen. Schließlich kennt Burg seinen eifrigsten Helfer seit Jahrzehnten. Der treue Weggefährte ist ein Probat UG 22, ein Trommelröster der guten alten Schule. Baujahr 1952. Die Maschine lässt sich Zeit. Eine halbe Stunde rotieren die Bohnen bei maximal 200 Grad, dann sind 30 Kilo Kaffee fertig. Die Sekunden machen den Unterschied. Jeder Sack Kaffee, jede Sorte, jede Mischung hat ihren speziellen Röstgrad. Ein äthiopischer Sidamo, ein Mexico Maragogype oder ein Jamaica Blue Mountain entfalten ihr charakteristisches Aroma nur, wenn sie auf den Punkt genau geröstet werden.
Jens Burg ist ein Kaffeeprofi und Kaffeeliebhaber, wie er im Buche steht. Manche nennen ihn auch den „Kaffeekönig von Hamburg". Seine Regentschaft begann in den Siebziger Jahren, ausgerechnet zu einer Zeit, als das große Sterben der Privatröstereien begann. Ihre Nachfolger, die großen Industrieröster, setzten auf das temporeiche Heißstromverfahren. Binnen weniger Minuten werden die Bohnen auf mehrere hundert Grad erhitzt. Und fertig. „Um das Optimum an Aroma und die beste Säure aus der Bohne zu gewinnen, reicht das natürlich nicht", kritisiert Burg.
Der Offensive der mächtigen Konkurrenten konnte er widerstehen, weil er einerseits schon immer auf Tradition setzte und andererseits Experimenten durchaus zugetan war.

So gilt er zu Recht als Pionier des Aromatisierens von Kaffee. Aus einer Blechdose, in der sich zuvor Vanillestangen befanden, habe er einst Chinatee verkauft. Und schon fragten die Kunden nach „diesem komischen Tee mit Vanillegeschmack". Für Burg ein Schlüsselerlebnis. Er mixte die ersten Aromatees zusammen und machte schließlich auch vor dem Kaffee nicht Halt. „Als Frevler und Exoten beschimpften mich damals die Kollegen und hielten mich für verrückt, weil ich das unantastbare Nationalgetränk der Deutschen verfälschte", erinnert sich der Gourmetröster, den der Vorwurf der Schändung der heiligen Bohne nicht treffen konnte. Inzwischen hat er gut Lachen. Kein Coffee-Shop kommt mehr ohne Karamell- oder Kokoskaffee aus. In seinem Eppendorfer Laden führt Burg heute mehr als 60 Sorten mit den verschiedensten Geschmacksnuancen – von A wie Ahorn über H wie Haselnuss bis Z wie Zimt. Aber auch die Freunde klassisch-arabischer Mischungen oder von Espresso und Tee finden in dem liebevoll-chaotisch eingerichteten Geschäft eine enorme Auswahl vor. „Beim Kaffee ist es wie mit Wein", unterstreicht der Altmeister: „Man kann sich selbstverständlich mit etwas Schlichtem aus dem Supermarkt begnügen. Aber um sich etwas Besseres zu gönnen, muss man schon genauer hinsehen."
Mit vielen seiner Kunden verbindet Jens Burg eine jahrelange Freundschaft. Dass mal einer nur schnell nach zwei Pfund Kaffee verlangt, geschieht höchst selten. Die meisten schauen sich um, lassen Auge und Nase die Atmosphäre genießen und halten ein kurzes Schwätzchen mit dem Ladenchef. Der erzählt gern und gestenreich aus seinem Leben und der aufregenden Geschichte der braunen Bohnen. Und wem das nicht reicht, den schickt er ein paar Straßen weiter: Dort präsentiert Jens Burg seine größten Schätze in seinem Kaffeemuseum. Röstmaschinen, Mühlen, Dosen, Schütten, Plakate, Fotos und andere Preziosen aus mehreren Jahrhunderten können bestaunt werden. Zudem lädt der Chef höchstpersönlich gerne zu einer Führung ein.

Burgs Kaffeerösterei
Inhaber: Jens Burg
Eppendorfer Weg 252
Museum: Münsterstraße 23–25
20251 Hamburg
Telefon: 0 40/422 11 72
Telefax: 0 40/420 57 08

Die Rösterei Altstadt

Mmmmh – ein unglaublich verführerischer Duft liegt in der Luft. Ein Wohlgeruch, dessen Werben keinerlei Gegenwehr gewachsen ist. Es ist diese einzigartige Mischung aus dem Aroma feinster Kaffeebohnen und dem großstädtisch gediegenen Flair, das den Caféhäusern zu ihrem Charme verhilft. Sie strahlen Glanz und Noblesse aus, geben sich dabei gerne ein wenig verspielt, sind prachtvoll ausgestattet und präsentieren sich in einem Stil, den man als im guten Sinne „old fashioned" bezeichnen kann. Unbestritten: Die Caféhäuser sind die Paläste der Kaffeekultur. Stätten, in denen Gemütlichkeit, Genuss und Lebensfreude die Hauptrolle spielen.
Auch wenn Wien nicht zu den ersten Städten zählte, in denen Caféhäuser einst gegründet wurden, hat die österreichische Metropole mit ihrer Mischung aus Tradition und Moderne die Kultur nachhaltig geprägt. Daran möchte „Die Rösterei" im Levantehaus anschließen. Mag es unten in der Mönckebergstraße auch noch so geschäftig zugehen – wenn hier der Einspänner oder ein „Kaffee Zermatt" serviert werden, ist der Einkaufstrubel schnell vergessen.
Die Zeit scheint stehen zu bleiben in diesem Kolonialstil-Ambiente mit den Wandvertäfelungen aus den Tagen der Jahrhundertwende. Vielleicht noch ein Stückchen Torte und die Tageszeitung, so lässt es sich gut leben. Caféhäuser zählen, wenn man ihre Vorzüge zu genießen versteht, zu den schönsten Orten der Welt.
Lediglich einen Fehler sollte man in der „Rösterei" unbedingt vermeiden: einfach nur einen Kaffee zu bestellen. Das würde dem vielfältigen Angebot nicht gerecht. Allein zehn sortenreine Hauskaffees aus fast allen Anbaugebieten bietet die Karte (von „Jemen Mokka" bis „Jamaica Blue Mountain"), dazu eine Vielzahl an Hausmischungen und Spezialitäten mit und ohne Geist. „Alles und immer hier vor Ort frisch geröstet", betont Inhaber Ulrich Marsau. Wer auf den Geschmack kommt, kann sich seinen Lieblingskaffee gleich für schöne Stunden daheim eintüten lassen.

Nun wird von Kaffee allein niemand satt. Auch der tatsächliche Nährwert der tagesaktuellen Lektüre hält sich in Grenzen. In der „Rösterei" begegnet man diesem Manko mit einer wohl abgestimmten Rundumversorgung, die es in sich hat.
Schon die Frühstückskarte erfüllt die unterschiedlichsten Ansprüche und Erwartungen. Wer's französisch mag, ordert die Variante „Parisienne" mit Buttercroissants und selbst gemachter Marmelade. Wer am Morgen Friesisches favorisiert, bekommt selbstverständlich Kräuterrührei mit Tiefseekrabben auf seinen Teller. Käsefreunde dürfen sich über eine Auswahl an Appenzeller, Gryerzer, Taleggio und Tête de Moine freuen. Damit nicht genug: Insgesamt elf Frühstücksversionen stehen auf dem Programm. Je nach persönlicher Vorliebe lassen sie sich um diverse Extras ergänzen.
Die restliche Zeit über orientiert sich die Küche an der norddeutschen und der österreichischen Kochkunst. Die Palette reicht vom Seelachs bis zum Wiener Schnitzel, vom Hamburger Pannfisch bis zur Gänsekeule mit Knödeln. Und als Dessert sind der Kaiserschmarrn oder der warme Apfelstrudel mit Vanillesauce sowieso obligatorisch. In Hamburg wie in Wien gehören sie zur Kunst der kulinarischen Verführung ganz einfach dazu.

Die Rösterei
Inhaber: Ulrich Marsau
Mönckebergstraße 7 / Levantehaus
20095 Hamburg
Telefon: 0 40/303 937 35

Becking AG Kaffee-Versandhaus Bahrenfeld

Sie sind schon sehr unterschiedliche Schwestern, die Arabica und die Robusta. Erstere ist eine aromatische und qualitativ hochwertige, sogar edle Tochter des Hochlands. Zweitere kommt eher rau, bitter und erdig daher, präsentiert sich widerstandsfähig und in den tieferen Lagen auch schneller wachsend. Zwei Kaffeebohnen also, wie sie verschiedener nicht sein könnten. Während die eine für einen unbeschwerten Genuss und Exklusivität steht, zeichnet die andere für niedrige Preise verantwortlich. Wenn Kaffee allerdings als „schwarzes Gold“ bezeichnet wird, dann tragen immer Arabica-Bohnen dafür die Verantwortung. Wer einmal von ihnen probierte, wird auf Robusta zukünftig verzichten.

Kaffee ist Geschmackssache. Natürlich. Doch unabhängig von den speziellen Vorlieben der Genießer gibt es eine Reihe fachlicher Kriterien, die für die Qualität eines Kaffees sorgen. Prägend ist vor allem das Mischungsverhältnis zwischen Arabica und Robusta. Nur wenigen Kaffeeprofis gelingt ein ausgewogener Mix, der die Vorzüge beider Bohnen gleichermaßen zur Geltung bringt. Wer glaubt, der braune Muntermacher werde immer sortenrein getrunken, irrt schließlich gewaltig. Eine Tasse enthält heute bis zu 20 verschiedene Bohnensorten ganz unterschiedlicher Herkunft und Qualität.

Das war nicht immer so. Vor noch nicht allzu langer Zeit stammte Kaffee in der Regel von einer einzelnen Plantage. Damit waren Kontinuität und gleichbleibende Klasse garantiert. Als dann die ersten Mischungen in den Handel kamen, war zunächst nicht beabsichtigt, durch den Verschnitt die Preise zu drücken. Im Vordergrund stand die Idee, den individuellen Geschmack der Käufer zu treffen. Kaffee maßgeschneidert sozusagen.

Der Hamburger Kaffeeversender Becking ist bestrebt, diese Tradition neu zu beleben. „Kaffee gut zu mischen ist ein kreativer Prozess, ganz so wie das Kochen mit ausgewählten Zutaten“, betont Dr. Bernward Pohlmann, einer von zwei Vorständen des Unternehmens. Eine exzellente Mischung gleiche einer „ausgewogenen Komposition, bei der Aroma, Körper und Säure in Einklang stehen“. Ganz so, wie bei einem guten Wein.

Mit seinem Leitmotiv „Das Besondere erhalten“ beruft sich Becking auf die Erfolgsgeschichte der 1928 gegründeten Firma. Gerade in Zeiten, wo an beinahe jeder Straßenecke eine Kaffeebar eröffnet und Hightech-Espressomaschinen zur Standard-Ausrüstung deutscher Haushalte gehören, ist es notwendig, die alten Werte nicht aus den Augen zu verlieren und die Fahne der Kaffeekultur hochzuhalten: den Kauf ganzer Bohnen, die persönliche Mahlung per Hand, das langsame Aufbrühen mit kochendem Wasser. „Unsere Kunden sollen lernen, ihren Kaffee wie ehedem nach Sorte und Anbaugebiet zu erkennen und sich so bewusst für oder gegen eine Geschmacksrichtung entscheiden zu können“, unterstreicht Pohlmann.

Mexiko Maragogype, Kolumbien Supremo oder Sulawesi Kalossi – das sind nur einige der wohlklingenden Sorten aus dem umfangreichen Repertoire. Verwendung finden ausschließlich frisch geerntete und mit einem niedrigen Koffeingehalt ausgestattete Arabica-Bohnen, hauptsächlich von den Hochlandplantagen in Mittel- und Südamerika sowie Zentralafrika. Robusta werden in keinem Fall beigemischt.

Grundsätzlich gilt: Kaffee soll vom Strauch bis zur Tasse ein möglichst unverfälschtes Naturprodukt bleiben. Um die Aromen und Öle richtig zur Entfaltung bringen zu können, röstet man sie bei Becking langsam und bei

Leverkusenstraße
54 I
54

niedrigen Temperaturen. „Damit sind wir in der Lage, unseren Kunden einen geschmacklich ausgereiften und zugleich milden Kaffee anzubieten", erläutert Pohlmann. „Längere Lagerzeiten sind bei uns unbekannt, weil sie die Bohnen austrocknen und ihnen den frischen Geschmack nehmen." Schnelligkeit ist in dem Hamburger Unternehmen keine Hexerei. Schon zwei Wochen nach der Röstung dampft der Kaffee in der Tasse.

Mehr Wissen, mehr Genuss: Fehlende Kaffee-Kenntnisse sind längst kein Grund mehr, auf die Freude am Wohlgefühl aus der Kanne zu verzichten. Auf eigens angebotenen Seminaren geben Becking-Mitarbeiter ihr Wissen weiter. Eine Verkostung schließt sich an. Einsteigern ins Thema Kaffeemischungen wird zu einem Paket aus drei Arabicas, beispielsweise aus Äthiopien, Kolumbien und Brasilien geraten. Diese drei Rohkaffees sollen die Grundlage dafür schaffen, eigene Mischungen zu erstellen. Äthiopien Sidamo etwa fällt durch seine feine, leichte und würzige Säure auf, die ihn bereits alleine zu einem unverwechselbaren Erlebnis werden lässt. Kolumbien Supremo bietet volles Aroma und eine angenehm blumige Säure. Der brasilianische Kaffee wird durch sein süßliches Aroma zu einem milden Gaumenschmeichler. Ein beigelegtes Informationsblatt erklärt die denkbaren Mischverhältnisse und stellt Variationsmöglichkeiten für den individuellen Geschmack vor. Ein unbedingtes Muss ist es, alle drei Kaffees vorab einmal pur zu probieren, um ein Gefühl für den jeweiligen Geschmack zu entwickeln.

Der Versandhandel hat sich für Becking in den vergangenen Jahrzehnten als die ideale Vertriebsform erwiesen, weil er das Konzept der kurzen Wege unterstreicht. Die Spitzenkaffees bleiben nicht im Supermarktregal liegen, sondern landen binnen weniger Tage direkt bei den Kunden. Sie können sogar spezielle Liefer-Abonnements abschließen und ihre Bestellungen um weitere Gourmetprodukte wie Tees, Weine, Liköre oder Whiskys anreichern.

KAFFEE MIT VITAMINEN

Zutaten

1 Eiweiß
abgeriebene Zitronenschale
2 cl Cognac
8 cl kalter Kaffee
1 Tl Zucker

Zubereitung

Eiweiß, Zucker und Zitronenschale steif schlagen, mit Kaffee und Cognac mischen. In einem großen Becher servieren.

KAFFEEMAKRONEN

Zutaten

200 g gemahlene Mandeln
20 g ungemahlene Kaffeebohnen
2 Tl Kardamom
20 g Speisestärke
1 Tl geriebene Orangenschale
3 Eiweiß
180 g Zucker
1 Prise Salz

Zubereitung

Kaffeebohnen im Mörser fein zerstoßen. Mit den Mandeln, Speisestärke, Kardamom, Orangenschale und Salz mischen. Eiweiß zu steifem Schnee schlagen, Zucker und die bereits gemischten Zutaten unterheben. Die Masse in eine Spritztüte mit mittelgroßer Lochtülle füllen. Walnussgroße Häufchen auf ein mit Backpapier ausgelegtes Blech spritzen und etwa 15 Minuten backen. Besonders lecker mit einer Glasur aus Nougat und Rum.

Becking AG Kaffee-Versandhaus
Leverkusenstraße 54 (I)
22761 Hamburg
Telefon: 0 40/851 92 83
Telefax: 0 40/851 92 859

Kaffeekontor St. Pauli

Wie viel Kaffee braucht der Mensch? In Deutschland mehr als 150 Liter pro Kopf und Jahr, wissen die Fachleute vom Kaffeeverband. Damit ist das schwarze Getränk hierzulande sogar beliebter als Bier und Mineralwasser. Und die Nachfrage nimmt nicht ab. Im Gegenteil. Vermehrt in den Handel kommende qualitativ hochwertige Sorten tragen zum Aufschwung bei. „Ein stetig wachsender Teil der Kunden gibt sich nicht mehr mit Durchschnittsware zufrieden", meint Bettina Dross. Seit 1999 betreibt sie mit ihrem Kompagnon Frank Piette das „Kaffeekontor" in der Schanzenstraße. Mit der feinen Kombination aus Laden und Espressobar war sie dem Boom der Coffee-Shops sogar um einige Tage voraus.

Die Hamburgerin ist Autodidaktin und wird getrieben von der Leidenschaft für braune Bohnen. Mit Akribie hat sie sich ins Kaffee-Thema hineingearbeitet. „Ich war schon immer überzeugt, dass Kaffee mehr ist als das, was man bei uns in den Supermärkten kaufen kann", sagt sie. Ihre Ware erhält sie von kleinen, privaten Röstereien, vorzugsweise aus Italien. Sie legen noch Wert auf solides Handwerk und schaffen damit die Grundlage für alle folgenden kreativen Prozesse.

Bettina Dross probiert gerne selbst neue Geschmacksrichtungen: „Es geht immer um den Kick wie man aus etwas Bekanntem etwas Neues machen kann." Zum Beispiel Chili-Espresso. Die Rezeptur stammt direkt aus Mexiko. Seine sich nur langsam durchsetzende Schärfe sorgt für viel innere Wärme und hinterlässt einen belebenden Eindruck beim Genießer. Etwas sanfter tritt der Ingwer-Espresso auf, eine weitere Variation aus dem „Kaffeekontor". Diese Exoten verkaufen sich ebenso gut wie die klassischen Mischungen oder „Jamaica Blue Mountain" und „Hawaii Kona", die Vertreter des Gourmet-Segments. Bettina Dross findet gerade die stete Veränderung spannend. Geschmäcker wechseln, neue Röstvarianten kommen auf den Markt. Steht heute noch Latte Macchiato bei ihren Kunden hoch im Kurs, kann es schon morgen „Frozen Cappuccino" oder der „Excelsior Espresso" sein. „Kaffee hat nicht zwangsläufig etwas mit Luxus zu tun, sondern mehr mit einer gewissen Lebensart wie sie in Südeuropa oder Frankreich üblich ist", kommentiert die Expertin aus der Schanzenstraße.

Kaffeekontor
Inhaber: Bettina Dross & Frank Piette
Schanzenstraße 14
20357 Hamburg
Telefon: 0 40/431 830 50

Carlos Coffee Eimsbüttel

Wenn die Dunkelheit sich langsam aus den Straßen verkriecht, dann servieren Nico und seine Kollegen bereits ihren ersten Morgenkaffee. Das ist seit der Eröffnung im Jahr 2000 so Usus bei „Carlos Coffee“ in Eimsbüttel. Warum auch unnötig Zeit verlieren? Schon um 6.30 Uhr gluckern die Maschinen fröhlich vor sich hin. Die Frühaufsteher, stets auf der Suche nach einem belebenden Wachmacher, danken es. „Sie glauben gar nicht, wie viele Gäste diesen Service schätzen“, betont Shop-Leiterin Hilke Barghorn. Für die Qualität der Bohnen garantiert eine angesehene Privatrösterei, mit der „Carlos Coffee“ seit dem ersten Tag zusammenarbeitet. Jede Sorte wird vom Röstmeister frisch, in kleinen Mengen, nach traditioneller Methode und mit größter Sorgfalt geröstet.

Und wenn der erste Kaffee des Tages ausgeschenkt wird, liegen in der Vitrine natürlich schon selbst gemachte Bagels, Sandwichs und Wraps bereit. Nico und Co. garantieren die Frühversorgung – aber ihre Leckereien erfreuen auch im weiteren Verlauf des Tages die Kunden. Viele kommen täglich mehrmals vorbei, zunächst für den schnellen Coffee to go, später für die kleine Zwischenmahlzeit und dann noch einmal, um ein paar Leckereien für zu Hause einzukaufen. Das Angebot ist beachtlich. Es reicht von Kaffee, Kakao und Tee in allen Variationen über Muffins, Bagels und Donuts bis hin zu selbst gepressten Säften, Limonaden und einer feinen Weinauswahl. Da ist für jeden Geschmack etwas Passendes dabei.

Gratis dazu gibt's an den kleinen Stehtischen News und Klatsch aus der Nachbarschaft sowie ein paar nette Worte von der Thekencrew. Dass die Gäste in der Regel persönlich begrüßt werden, hat schließlich einen ganz simplen Grund: Die meisten sind längst bekannt, weil sie beinahe jeden Tag auf eine Stippvisite in diesem Coffee-Shop der ersten Generation vorbeischauen. „Wir sind hier fast so etwas wie ein Stadtteiltreff“, meint Hilke Barghorn schmunzelnd und reicht den nächsten heißen Becher über die Theke. Das Konzept geht auf: Etwa ein Jahr nach dem Prototypen eröffnete das Team von „Carlos Coffee“ in Ottensen eine weitere Filiale – sogar mit einer eigenen Spielecke für die kleinsten Gäste.

Carlos Coffee
Inhaber: Egmont Frerichs & Christoph Rüppel
Osterstraße 83
20259 Hamburg
Telefon: 0 40/432 081 23
Telefax: 0 40/432 081 24

Speicherstadt Kaffeerösterei Speicherstadt

Mit ihren denkmalgeschützten Kontorhäusern gilt die historische Speicherstadt seit alters her als Symbol hanseatischer Kaufmannskraft. Hier werden Hamburgs Verbindungen in die Welt so deutlich wie an kaum einem anderen Ort. Plötzlich sind Afrika, Asien und Amerika ganz nah. Heute bestimmen in erster Linie Teppichhändler das Bild, obwohl in den Lagern nach wie vor auch große Tee-, Gewürz- und Kakaovorräte liegen. Und natürlich Kaffee, das weltweit zweitwichtigste Handelsgut. „Nirgendwo sonst wird so viel Kaffee aus den entferntesten Ländern importiert, geprüft, gelagert und veredelt", weiß der renommierte Kaffee-Experte Andreas Wessel-Ellermann. Gemeinsam mit dem nicht minder versierten Thimo Drews betreibt er seit dem Frühjahr 2006 die „Speicherstadt Kaffeerösterei".

Beide beschäftigen sich bereits ihr gesamtes berufliches Leben lang mit den braunen Bohnen. Drews etwa kennt so gut wie alle wichtigen Plantagen aus persönlicher Anschauung. Viele Jahre hat er in den Ursprungsländern die Ernten genauestens unter die Lupe genommen und die Pflanzer ermuntert, auf den Anbau von hochqualitativem Spitzenkaffee zu setzen. „Er wird besonders behutsam und mit viel Fürsorge angebaut", erläutert der Fachmann und lässt keinen Zweifel daran, dass Kaffee ein Genussmittel ist, kein Lebensmittel. „Und halben Genuss gibt es nicht." Schon allein deshalb könne der Billigkaffee aus dem Supermarkt den qualitativen Ansprüchen nicht genügen.

Hat Drews bislang vorwiegend für kleine, exklusive Privatröstereien gearbeitet, so fahndet er nun in eigener Sache nach den besten Bohnen. „Wir haben es immer sehr bedauert, dass sich ausgerechnet in der Speicherstadt, wo doch jede Ecke Kaffeetradition atmet, kein Röster angesiedelt hat", sagt Andreas Wessel-Ellermann. Schließlich fassten beide den Entschluss, diesem Manko gemeinsam abzuhelfen.

Ihre „Speicherstadt Kaffeerösterei" übernimmt auf rund 350 Quadratmetern Fläche gleich mehrere Funktionen. Zum einen informiert sie über Anbau und Weiterverarbeitung von Kaffee. Besucher können sich hier ein genaues Bild von den notwendigen Schritten machen. „Wir betreiben eine Manufaktur mit leicht musealem Charakter und wollen den Weg des Kaffees transparent werden lassen", verrät Wessel-Ellermann. Er weiß: Wer sich intensiv mit einem Produkt beschäftigt, erkennt eher den Unterschied zwischen hoch- und minderwertiger Ware. Zum anderen wird im kleinen Laden die bunte Vielfalt des Kaffees präsentiert. Speziell die Erzeugnisse aus recht unbekannten Anbauländern wie Australien, Indien, Hawaii oder Papua Neuguinea sind hier vertreten. Sie können im benachbarten Café gleich probiert werden. Eine Vielzahl von Events rund um das Thema Kaffee rundet das Programm ab. Drews und Wessel-Ellermann bieten Schulungen für Profis und Liebhaber an, organisieren Barista-Kurse und denken auch über kulturelle Veranstaltungen nach. Und Gäste, die eher Gefallen an Tee oder Kakao finden, müssen keineswegs leer ausgehen. Die beiden Kaffee-Profis haben auch an sie gedacht.

Speicherstadt Kaffeerösterei
Inhaber: Hacienda San Nicolas GmbH
Kehrwieder 5
20457 Hamburg
Telefon: 0 40/375 186 83
Telefax: 0 40/375 186 82

Carroux Kaffeerösterei Blankenese

Dieser Tipp klingt überraschend: „Trinken Sie Ihren Kaffee doch mal kalt!“ Heiß könne man auch schreckliche Brühen ertragen, doch beim kalten Kaffee erkenne man auf Anhieb, was wirklich gut ist. Ulrich Carroux gehört zur kleinen Gilde privater Hamburger Kaffeeröster und ist in allen Fragen rund um die Bohne bestens informiert. Er setzt auf Qualitätsware statt auf Fließbandproduktion.

Herzstück seines 1998 gegründeten, am Endstück der Elbchaussee gelegenen Betriebes in Blankenese ist der 22 Kilo schwere Trommelröster aus dem Jahr 1969. Vorne im Laden schenkt Carroux seinen Gästen Heißes ein, im Hinterzimmer bringt er die Bohnen auf Temperatur. Stets nur kleine Mengen im traditionellen Trommelröstverfahren langsam und schonend bei niedrigen Graden zu rösten, ist unumstößliches Geschäftsprinzip. So wird der Kaffee aromatischer und bekömmlicher.

Die Suche nach dem besten Espresso hat den in den norddeutschen Kaffee-Hochburgen Bremen und Hamburg aufgewachsenen Carroux lange beschäftigt. Aber die perfekte Mischung, die alle bekannten in den Schatten stellt, ließ sich nicht auftreiben. Also experimentierte er selbst und fand schließlich nach schier endlosen Versuchsreihen, wonach er Ausschau hielt. Heute zählt „Carroux Kaffee“ zu den wenigen Premium-Espresso-Produkten, die sich mit denen italienischer Anbieter messen können. Highlights im Sortiment sind nach übereinstimmenden Beurteilungen aller Fachleute der mexikanische „Maragogype“ und der „Carroux Yirgacheffee“, der – so Ulrich Carroux – „in einem großen Kaffeetest den ersten Platz belegt hat“. Seine Bohnen stammen aus der gleichnamigen äthiopischen Region. Der wild gewachsene Yirgacheffee verströmt mit seinen fruchtig blumigen Noten, die Anklänge an Lavendel und Johannisbeere haben, ein außergewöhnliches Aroma. Von angenehmer Säure, reichem und ausgereiftem Charakter schmeckt er rund und sanft in der Tasse. Für Genießer ist dieser geheimnisvoll duftende Kaffee aus der Wiege aller Arabicas eine Herausforderung der besonderen Art. Die eigene, in tiefen Rottönen gehaltene Cafébar, in der er auch Kleingebäck und edle Schokoladen anbietet, dient Ulrich Carroux heute als Probierstube. Der hohe Anteil an Stammkunden garantiert fundierte Urteile der Probanden. Bevor eine neue Sorte in den Verkauf kommt, wird sie vor Ort ausgiebig getestet. Auch wenn die deutliche Mehrzahl seiner Gäste inzwischen nach Espresso verlangt, verkauft er selbstverständlich auch klassischen Filterkaffee. Der ist vor allem bei älteren Kaffeeliebhabern nach wie vor gefragt. Dennoch: Der Trend geht zum kleinen kräftigen Schwarzen. Auf Dauer, da ist der Röstmeister sicher, werde sich sowieso immer die bessere Qualität durchsetzen. Zweiflern rät der Firmenchef zum Geschmackstest. Der Gaumen ist nämlich immer noch der beste Entscheider.

Carroux Kaffeerösterei
Inhaber: Ulrich Carroux
Elbchaussee 585
22587 Hamburg
Telefon: 0 40/800 505 91
Telefax: 0 40/800 505 92

InterAmerican Coffee Speicherstadt

Im Süden Ecuadors liegt zwischen mächtigen Bergen in einem idyllischen Hochtal das Dorf Vilcabamba. Auf Quechua, der Sprache der Inkas, bedeutet der Name „Das heilige Tal“. Und tatsächlich steht der Ort unter einem besonderen Segen: Nirgends sonst in der westlichen Welt gibt es mehr Menschen, die weit über 100 Jahre alt werden und sich bester Gesundheit erfreuen. Generationen von Wissenschaftlern und Medizinern haben versucht, dem Geheimnis der Langlebigkeit in Vilcabamba auf die Spur zu kommen. Vergeblich. Fest steht nur, dass hier fern von täglicher Hektik und Stress Besucher aus aller Welt zur Ruhe kommen und sich vom harmonischen Miteinander und der Lebensfreude der Menschen anstecken lassen.

Die Kleinbauern von Vilcabamba pflanzen an den Berghängen besten Arabica-Kaffee an, der auch für sie selbst ein Genussmittel von großem Wert darstellt. „Wenn ich keinen Kaffee trinken dürfte, würde mir eines der schönsten Dinge meines Lebens fehlen“, sagt etwa die 97-jährige Julia Avelina León. Dafür pflücken die Familien zur Erntezeit zwischen Juni und Oktober nur die reifen, roten Kaffeekirschen, die im Wasser der nahe gelegenen Bergflüsse gewaschen und vom Fruchtfleisch befreit werden. Da der Anbau von Kaffee in Vilcabamba Handarbeit und Familiensache ist, werden Jahr für Jahr nur kleine Mengen dieses Kaffees produziert.

„Unsere Aufgabe ist es, solche Plantagen zu finden und die europäischen Spezialitätenröster mit ihren Produkten zu versorgen“, betont Mirella Cielek von „InterAmerican Coffee“ in Hamburg. Das zur weltweit tätigen „Neumann Kaffee Gruppe“ gehörende Unternehmen fungiert also als Bindeglied zwischen Kaffeebauern und Anbietern von Spezialitäten-Kaffees. Vorrangig arbeitet man in den Anbauländern mit kleinen Familienbetrieben zusammen. Der Blick ins Sortiment beweist: Der direkte Kontakt und die guten Beziehungen zu den Pflanzern sind Basis des Geschäftes. Rohkaffee-Klassiker aus aller Welt bilden die Grundlage des Bestandes. Die besonders milden und aromatischen zentralamerikanischen Kaffees sind ebenso vertreten, wie die würzigen Lintong-Arabicas aus Indonesien. „Darüber hinaus“, so Mirella Cielek, „verfügen wir über außergewöhnliche Raritäten, die auch anspruchsvollste Feinschmecker inspirieren“.

Beispiel „Kopi Tongkonan Toraja“: Diese Rarität stammt aus der Region um den Berg Sesean auf der indonesischen Insel Sulawesi und wird von den Toraja in ihren Familiengärten angebaut. Sie kultivieren noch Kaffeevarietäten auf althergebrachte Weise, die aufgrund ihres niedrigen Ertrages selten in der Welt geworden sind. „InterAmerican Coffee“ wurde 2001 beim Spezialitätenröster „Da Capo“ auf diesen Kaffee aufmerksam, von dem jährlich nur eine äußerst geringe Menge auf den Markt kommt. „Zehn Familien konnten wir dafür begeistern, sich zu einem Verbund zusammenzuschließen, um nach gemeinsamen Vorstellungen einen Kaffee für höchste Ansprüche herzustellen“, erinnert sich Mirella Cielek.

Die Toraja wissen um die Besonderheit ihres Kaffees. Um seinen Wert zu unterstreichen, füllen sie ihn in kleine Holzfässchen. Jedes wird vor dem Transport nach Europa mit symbolischen Darstellungen verziert und mit Erdfarben bemalt. Mirella Cielek: „Wir sind stolz, diese faszinierende und seltene Kaffeespezialität exklusiv anbieten zu können. Wir meinen, es ist der beste und vielleicht ungewöhnlichste Kaffee der Welt.“

Inter American Coffee GmbH
Am Sandtorkai 4
20457 Hamburg
Telefon: 0 40/37 33 67
Telefax: 0 40/37 31 23

Coffee Unlimited & Spoon's Soup & Salad Bar Hammerbrook

Im Grunde ist es eine Binsenweisheit: Kaffee ist nicht gleich Kaffee. Man weiß, dass es auf die Herkunft der Bohnen ankommt, auf ihre Röstung und auch auf ihre Anzahl. Ludwig van Beethoven etwa ließ sich bei der Zubereitung seines Lieblingsgetränks nichts vormachen. Der große Komponist, der 1734/35 sogar eine „Kaffeekantate" schuf, nahm exakt 60 Bohnen für eine Tasse Mokka. Keine mehr, keine weniger.

Auch heute noch zählen bei der Zubereitung die Details. „Für einen guten Kaffee müssen es schon Arabica-Bohnen sein, möglichst täglich frisch von Hand geröstet", sagt Christian Haase. Er ist ein ausgewiesener Kenner seines Fachs. Als in den Neunzigern in den deutschen Fußgängerzonen die ersten modernen Coffeeshops eröffneten, standen er und seine Frau Birthe den Gründern mit ihrem Know-how zur Seite. Inzwischen bitten sie in den Filialen von „Coffee Unlimited" selbst an den Kaffeetisch.

„Unsere Bohnen haben das Aroma und die Bekömmlichkeit, von denen unsere Großeltern immer schwärmen", versichert der Experte. Zwei Dinge machen den Unterschied zum industriell gefertigten Konservenkaffee aus: die Auswahl des Rohkaffees sowie die schonende und von einem Fachmann penibel überwachte Röstung in einer Fünf-Kilo-Trommel von Probat. Runde zwölf Minuten dauert ein Durchlauf in der 1956 in Betrieb genommenen Maschine. „Selbst zu rösten hatte ich immer schon vor", sagt Christian Haase. Die Qualität seines Kaffees stößt auf regen Zuspruch: Er wird nicht nur im eigenen Shop getrunken, sondern auch für die heimischen Maschinen und die Gastronomie hergestellt.

Steht Kaffee in der heutigen Zeit als Symbol für den kleinen unbeschwerten Genuss zwischendurch, gelten Suppen als typisch für den Trend zum gesunden und leicht verdaulichen Flüssig-Snack. Wie überall in der Welt sind auch in Hamburg die Stehbars, in denen Kunden mittags eine heiße Suppe löffeln oder sich einpacken lassen, ein Riesenerfolg. „Wir haben diese Suppenküchen erstmals in London gesehen", erinnert sich Birthe Haase, „und uns gleich entschlossen, so etwas bei uns ebenfalls anzubieten". Heraus kam die Idee zur „Spoon's Soup & Salad Bar".

Die Gäste können täglich zwischen zwölf unterschiedlichen Angeboten auswählen. Wer's bodenständig mag, entscheidet sich beispielsweise für die Kartoffelcremesuppe oder das Ungarische Rindergulasch. Wer exotischere Kost favorisiert, findet am Südchinesischen Hühnerkokoseintopf oder der Gemüse-Erdnusssuppe aus Zimbabwe Gefallen. „Sie werden praktisch niemanden finden, der Suppen verschmäht", meint Birthe Haase. Und das liegt nicht nur an den bekannten Vorzügen, sondern auch daran, dass die meisten Menschen diese schmackhafte Leckerei bereits von klein auf kennen und mit ihr so manch angenehme Erinnerung verbinden. Von der geliebten Erbsensuppe hin zum unbekannten asiatischen Eintopf ist es dann nur noch ein kleiner Schritt.

In Hammerbrook liegen Kaffee- und Suppenbar einträchtig nebeneinander. Das passt. Filialen sind bereits in Planung. Zudem denkt Birthe Haase über eine weitere Frage nach: „Was ist mit Tee?" Und gibt gleich selbst die Antwort: „Eine Tee-Lounge wäre ein Traum. Ich glaube, das wird das nächste große Ding!"

Coffee Unlimited & Spoon's
Inhaber: Birthe & Christian Haase
Hammerbrookstraße 75
20097 Hamburg
Telefon: 0 40/236 869 68
Telefax: 0 40/236 868 18

Süßes für Naschkatzen

Die Torte an sich ist bereits eine Versuchung. Eine süße Verlockung, die puren Genuss verspricht. Die gleichbedeutend ist mit einem Ausflug in eine bessere Welt. Wer Torten liebt, weiß das Leben zu nehmen. Und wer sie gar zu backen versteht, ist ein kleiner König. Wie Josef Keller. Der Konditor aus Radolfzell am Bodensee hatte zu Beginn des 20. Jahrhunderts in Bad Godesberg ein Café eröffnet und war immer auf der Suche nach neuen Ideen. Da kam ihm jener Gast gerade recht, der von einem Rezept aus dem südlichen Schwarzwald wusste. Bauersfrauen hatten mit übrig gebliebenen Kirschen, dickem Rahm und etwas Schnaps eine Creme zusammengerührt. Keller, ein Tüftler vor dem Herrn, probierte dies und probierte das. Am Ende war er mit dem Ergebnis zufrieden und servierte es seinen Gästen.

Die Begeisterung konnte kaum größer sein. So etwas Leckeres hatten sie schon lange nicht mehr gegessen. Und auch heute noch haftet der Schwarzwälder Kirschtorte etwas Majestätisches, etwas Prunkvolles an. Sie gehört genauso auf die Standardkarte eines jeden Cafés wie die Tasse Espresso. Die Kalorienbombe aus Schokocreme, Biskuit und Sahne geht weg wie warme Semmeln. Zehn Exemplare, so rechnen erfahrene Konditoren vor, werden an guten Tagen locker verspeist. Dennoch: Sich immer nur mit den Klassikern zu befas-

sen, macht keinen Konditor froh. Im Innersten seines Herzens sieht er sich schließlich als kreativen Künstler, der die Langeweile schmäht und die Herausforderung sucht. Hamburgs Zuckerbäckerzunft gilt als besonders einfallsreich. Ihre Hochzeitstorten schlagen alle Größen- und Geschmacksrekorde. Zu den wichtigsten Anlässen des Jahres kreieren sie phantasievolle Prunkstücke. Den Ozeanriesen „Queen Mary 2" begrüßten sie etwa mit einer originalgetreuen und nahrhaften Nachbildung im Maßstab 1:1000, zum Pokalspiel zwischen dem FC St. Pauli und dem FC Bayern München lieferten sie einen perfekt nachgebildeten Fußballschuh aus Naschwerk.

Andererseits profitieren Leckermäuler an Elbe und Alster vom internationalen Flair der alten Hansestadt. Besonders die Portugiesen haben es ihnen angetan. Lissabon liegt in Hamburg, die Avenida da Liberdade mitten auf dem Kiez. Mit den Südländern sind die Pastelerias und Confeitarias in den hohen Norden gekommen, die portugiesischen Kaffeehäuser. Hier trinkt man seinen „galao", gönnt sich dazu „barrigas de freiras" oder „papos de anjo" und genießt den unaufhaltsamen Gang der Dinge. Jeder Biss bringt es ein Stückchen näher, dieses verzückende Gefühl von Urlaub und Müßiggang mitten im Alltag. Oscar Wilde lag durchaus richtig, als er kundtat, das Schönste an der Versuchung sei, ihr nachzugeben.

Konditorei & Café Schmidt Othmarschen

Karl Kipping geht gern aufs Ganze: „Wenn ich etwas versuche, dann klappt das oder es klappt nicht." Dazwischen geht nichts. Keine Kompromisse. „Mir macht mein Job mächtig Spaß, ich liebe ihn", unterstreicht er. Man schmeckt es. Kipping ist ein Konditor von hohen Gnaden. Einer mit Ambitionen, der bei Klassikern wie Schwarzwälder Kirschtorte und Baumkuchen nicht Halt macht. Im Gegenteil: Der Hamburger schätzt gerade Kreationen, die alles andere als nahe liegend sind. Brombeerbalsamico in der Torte – ja, warum denn nicht? Kürbiskerne in der Schokolade, Curry in der Praline – na klar! Geschmack entscheidet, nicht irgendwelche irgendwo irgendwann festgelegten Regeln.
Kipping kennt die Kniffe der Branche. Er war Chefpattisier im Hotel Interconti, arbeitete bei Dallmayr in München und legte den New Yorkern seine süßen Schätze ans Herz. Ein alter Hase also, der in Hamburg-Othmarschen dennoch lange Zeit kritisch beäugt wurde. Der Stadtteil ist kein einfaches Pflaster für „junge Wilde". Als solche werden Kipping und sein Kompagnon Matthias Max hier oft bezeichnet, seit sie die Konditorei und das Café Schmidt 2002 vom Namensgeber übernahmen und begannen, mit neuen Ideen um Kunden zu werben. „Die Konditorei verfügte ja über einen sehr guten Ruf, deshalb ging es nicht darum, mit allen Traditionen brechen." Aber zeigen, wie sie sich die Zukunft in der Backstube vorstellen, das wollten sie schon.
Die Stammgäste staunten nicht schlecht. Für viele war es ein richtiger Kulturschock, als in der Vitrine plötzlich die Sauerrahm-Safrantarte mit Weintrauben oder ein Fenchelkuchen neben den gewohnten Leckereien standen. „Die Schuhe von Herrn Schmidt waren groß", schmunzelt Kipping im Rückblick. Von seinem Weg abbringen ließ er sich deshalb nicht: „Ich bin überzeugt, dass unser Geschmacksempfinden weit vielfältiger ist, als wir es gemeinhin annehmen. Man braucht nur etwas Mut, um die ausgetretenen Pfade einmal zu verlassen." Abwechslung tut Gaumen und Seele gleichermaßen gut. Und tatsächlich: Die Skepsis gegenüber dem kreativen Duo währte nicht lange. Bald probierte der erste Gast von Kippings Joghurtbasilikumtorte mit Himbeerzitronengrasspiegel. Ein anderer fragte unvermittelt nach einem Stück von der Süßholzmoussetorte. Und auch die kunstvollen Marzipankreationen von Matthias Max finden inzwischen ebenso ihre Liebhaber wie die vorzüglichen Petit Fours, wie die selbst gemachte Marmelade, wie Eis, Pralinen und Schokolade. Fünf Sorten stellt Karl Kipping regelmäßig her: Absinth, Rosmarin, Capuccino, Kürbiskern-Krokant und Curry-Orange. „Heute werden wir hier respektiert, weil die Leute merken, dass wir nicht schlechter sind als unser Vorgänger, sondern nur ein bisschen anders." Wie anders, das erfährt, wer sich erklären lässt, auf welche Weise Pralinen selbst gemacht werden können. Die Kurse finden samstagnachmittags statt und sind regelmäßig ausgebucht. Kein Zweifel: Karl Kipping und Matthias Max sind in Othmarschen angekommen.

Konditorei Schmidt
Inhaber: Karl Kipping
Beseler Platz 10
22607 Hamburg
Telefon: 0 40/89 39 95
Telefax: 0 40/881 695 15

Konditorei Weber Barmbek

Wer hat's erfunden? Keine Frage, sie waren's schon wieder, die Schweizer. Um 1600 herum stellte ein italienischstämmiger Zuckerbäcker namens Gasparini im Berner Dorf Meiringen erstmals ein Schaumgebäck aus gezuckertem Eischnee her. Er benannte das luftige Etwas nach seiner Herkunft: Meiring. Am französischen Hof von Louis XV., zu dessen bevorzugtem Dessert sich das Leckerli rasch entwickelte, wurde daraus später die heute noch gebräuchliche Bezeichnung Meringue. Begeistert zeigte sich auch die englische Königin. Ihrem ungewohnt euphorischen Ausruf „Oh, that's like a kiss!" verdankt das Süßstück seinen außerhalb der Schweiz gebräuchlichen Namen: Baiser (Kuss).

Doch wie auch immer sich die leckeren Schaumplätzchen nun nennen – um die Zutaten macht niemand mehr ein großes Geheimnis: Zucker und Eiweiß, ganz einfach. Vorsicht ist freilich geboten, denn kein noch so kleines Stückchen Eigelb darf sich in die Mischung verirren. Sein Fettgehalt würde dafür sorgen, dass sich das Eiweiß nicht fest schlagen ließe. So simpel die Zutaten auch sind, so kompliziert gestaltet sich ihre Verarbeitung. „Versuchen Sie einmal, zuhause Baisers herzustellen", empfiehlt Rose-Marie Patzer-Weber und löst gleich auf: „Das werden Sie nicht hinbekommen." Ohne die nötige Erfahrung und den richtigen Ofen gehe nämlich gar nichts. Letzterer ist das Herzstück einer jeden Konditorei. Bei einer konstanten Temperatur von etwa 100 Grad wird die auf Bleche aufgespritzte Masse darin so lange getrocknet, bis die kleinen Kleckse weiß bis blassgelb sind.

Ihre erste Bekanntschaft mit Baisers machte Rose-Marie Patzer-Weber, als sie in den Fünfziger Jahren in der Schweiz das Konditoren-Handwerk erlernte. Ihr Vater Walter Weber hatte bereits 1934 seine Konditorei gegründet und später zu einer der angesehensten in Hamburg gemacht – „mit eiserner Disziplin und einem ungeheuren Ehrgeiz", erinnert sie sich. Er war ein Konditormeister der alten Schule, ein Mann des Handwerks. Dieser Tradition fühlte sich die Tochter Zeit ihres beruflichen Lebens verpflichtet. Mit der industriellen Produktion hat sie nie Freundschaft schließen können. Auch heute hält man in der Backstube vergebens nach Maschinen Ausschau. „Es macht einen qualitativen Unterschied, ob ich die Baisermasse sorgfältig mit der Sterntülle auf das Blech aufdressiere oder ob das von einer Maschine übernommen wird", unterstreicht die Konditorin. Dass sie dafür in der Regel bereits frühmorgens um 4 Uhr den Tag beginnen muss, scheint ihr nichts auszumachen.

Salü.
KONDITOREI
Die älteste Konditorei Hamburgs
Schlaraffenland für den Hund:
Leberwurst-Kekse
Hunde-Zwieback
Knack-Brotli
Viele Sorten, feinste Torten
70
1934-2004
Baiser Spezialitäten
Kaffeespezialitäten
Cappuccino
Latte Machiato
Kaffee
u.v.m.
Sonntags geöffnet
Eine süße Idee - Baiser Baiser Baiser

Banane
Bunte
EierLikör
Kirsche
Milch

Seit 1964 besitzt Rose-Marie Patzer-Weber ihren Meisterbrief. Seitdem garantiert sie für die Herstellung erstklassiger Torten, Pralinen und Backwaren. Der Blick in die prall gefüllten Regale ihres Ladens in der Hellbrookstraße offenbart: Den inoffiziellen Ehrentitel „Baiser-Spezialistin“ hat sich Rose-Marie Patzer-Weber längst verdient. Akkurat aufgereiht stehen da die Tütchen mit großen und kleinen Schaumplätzchen der verschiedensten Geschmacksrichtungen. Angefangen hat sie mit jenen klassischen roten und weißen Baisers, die als „Hamburger süße Küsschen“ bekannt geworden sind. Dann traute sie sich an die ersten Variationen: mit Erdbeer, mit Karamell, mit Schokolade und Mandeln. Jede neue Idee probiert sie selbst und gewissenhaft aus. Schmeckt das? Ändern die Baisers ihre Konsistenz, werden sie etwa knackiger oder cremiger? Gibt es schon etwas Ähnliches im Sortiment?

Momentan, so zählt die Konditorin mit Leib und Seele auf, umfasst ihre Liste rund 70 süße Sorten. Darunter befinden sich die gängigen Fruchtnuancen von Ananas bis Zitrone und Stücke mit eher exotischen Beigaben wie Cola, Wodka und Rosenwasser. Den Geschmack ihrer Kunden kann sie nach all den Jahren im Geschäft einschätzen. „Lavendel-Baisers schmecken wie eine provencalische Sommerprise“ schwärmt einer. Ein anderer ergänzt: „Pfeffer kann man sogar zum Glas Rotwein naschen.“ Rose-Marie Patzer-Weber hat es wenig überrascht, auf welche Resonanz die in den letzten Jahren stark aufgekommenen herzhaften Baisers gestoßen sind. Kümmel und Paprika, Salami und Tomate sind in ihrer Backstube längst nicht mehr tabu. Sogar die Curry- und die Senf-Baisers werden an der Theke verlangt. „Ein klein wenig Mut gehört dazu, aber man muss sich nur darauf einstellen, dass es etwas anders schmecken wird als sonst – dann sind sie richtig gut.“ Eines indes sollte auf alle Fälle vermieden werden, warnt sie: süße und herzhafte Baisers miteinander zu vermischen.

Die Baiser-Königin weist noch eine zweite Leidenschaft auf – Hunde. Wenn Herrchen oder Frauchen ihren Bedarf an Leckereien decken, gehen Bello und Co. nicht leer aus. Gegenüber vom Verkaufstresen steht stets ein gut gefüllter Kupferkübel mit handgefertigten Leberwurstkeksen. „Wir fertigen sie ganz ohne den Zusatz von Zucker, Konservierungsstoffen und künstlichen Aromen an.“ Den Vertrieb in ganz Deutschland übernehmen unter dem Markennamen „Salü“ die Koko von Knebel Shops.

Konditorei Weber
Inhaberin: Rose-Marie Patzer-Weber
Hellbrookstraße 61
22305 Hamburg
Telefon: 0 40/61 61 31
Telefax: 0 40/611 643 86

Konditorei & Café Steidl Rahlstedt

Man kann sich fast sicher sein: Wenn irgendwo in Hamburg eine Backstube zur Werft wird oder anderen konditorische Meisterleistungen vollbracht werden, dann hat Frank Steidl seine Finger im Spiel. So wie im Sommer 2005. Anlässlich des Besuchs des größten Passagierschiffs der Welt, der „Queen Mary 2“, hatte Steidl gemeinsamen mit weiteren hanseatischen Konditoren ein 3,80 Meter langes Modell des Ozeanriesen gebacken – unter anderem mit 2400 Eiern, 166 Kilogramm Marzipan, 51 Kilogramm Zucker und ebenso viel Mehl.

Der Name Steidl verfügt in Rahlstedt über einen guten Ruf. 1917 ließ sich Firmengründer Wenzel Steidl mit seinem Café im Osten Hamburgs nieder. Sohn Franz führte die Tradition fort. Beim 50-jährigen Betriebsjubiläum im Mai 1967 war die Kundenschlange so lang, dass die Polizei den Verkehr umleiten musste. Helmut Steidl löste seinen Vater als Chef ab. Ihm folgte 1994 sein Sohn Frank, der Café und Konditorei nun in vierter Generation führt und vorsichtige Veränderungen in Angriff nahm. „Frischer Wind tut immer gut“, sagt er. Und: „Es bringt ja nichts, ewig an Altem festzuhalten, wenn die Bedürfnisse unserer Kunden und ihr Ernährungsbewusstsein sich wandeln.“ Steidl garantiert auch weiterhin beste Qualität und höchsten Genuss, doch neben schweren Buttercremetorten stehen nun auch leichte und lockere Leckereien in der Vitrine. Und zusätzlich zu den gewohnten Geschmacksvarianten werden neue ausprobiert.

Auch wenn die Arbeit als „Schiffsbauer“ künstlerische Züge trägt, versteht Steidl sich in erster Linie als Handwerker, der der täglichen Routine in der Backstube durchaus ihren Reiz abgewinnen kann. Besonders gern modelliert er mit Marzipan: „Damit lassen sich faszinierende Effekte erzielen.“ Kein Wunder, dass Steidl die Schweizer Konditorenkunst schätzt. In dem Alpenland versteht man es, mit einfachsten Mitteln kreativ zu arbeiten und allen Details Gewicht zu verleihen. Vor allzu intensiven Spielereien schützen den bekennenden Rahlstedter indes seine Kunden. „Letztlich zählt nur, was sich verkaufen lässt“, weiß er. Am liebsten kosten Kuchenliebhaber – wenn sie sich denn zur Sünde entschlossen haben – nämlich auch heute noch von Bekanntem. Klassiker wie die mit frischen Früchten belegten Obstkuchen, die Schwarzwälder Kirsch- oder die Lübecker Nusstorte lassen aus jeder nachmittäglichen Kaffeestunde ein unvergessliches Geschmackserlebnis werden. Grundlage sind beste Zutaten und eine saubere Verarbeitung. Bis zu zwölf Torten bringt Steidl täglich in den Verkauf. Dazu gesellen sich Desserts sowie schmackhaftes Naschwerk wie Tee- und Feingebäck. Alles trägt dazu bei, dass Konditorei und Café auch fast 90 Jahre, nachdem Wenzel Steidl damals aus Eimsbüttel in die Rahlsteder Bahnhofstraße zog, Aushängeschilder des am schnellsten wachsenden Stadtteils Hamburgs sind.

SCHOKO-PUFFER

Zutaten

300 g Marzipanrohmasse, 240 g Butter
250 g Zucker, 360 g Mehl, 6 g Backpulver
400 g dunkle Kuvertüre, Zitronenschale
6 Eier, Salz

Zubereitung

Marzipan, Butter, Zucker, Zitronenschale und eine Prise Salz zu einem glatten Teig verarbeiten. In eine Rührschüssel geben, leicht mittels eines Handmixers aufschlagen (nicht schaumig) und 6 Eier unterlaufen lassen. Mehl und Backpulver sieben und vorsichtig unter die Marzipan-Eiermasse geben. 100 Gramm dunkle Kuvertüre möglichst klein hacken, in etwas Mehl wälzen, und unter die Marzipan-Eier-Mehlmasse geben. In eine gebutterte, bemehlte große Gugelhupf (Puffer) Form geben, so dass die Form zu drei Vierteln gefüllt ist. Bei 150 °C circa 35 bis 40 Minuten backen. Im lauwarmen Zustand aus der Form stürzen und über Nacht in einem Frischhaltebeutel auskühlen lassen. Rund 300 Gramm Kuvertüre vorsichtig im Wasserbad auflösen und über dem Puffer gleichmäßig verteilen.

Konditorei & Café Steidl
Inhaber: Frank Steidl
Rahlstedter Bahnhofstraße 12
22143 Hamburg
Telefon: 0 40/677 22 69
Telefax: 0 40/670 462 60

Bäckerei Hönig Niendorf

Er hat es schriftlich. Als Urkunde. Mit Brief und Siegel. „Hamburgs bester Bäcker" darf er sich nennen. Ganz offiziell. Seine Kunden haben ihn dazu gemacht, Deutschlands wichtigstes Gourmet-Magazin hat die Auszeichnung verliehen. Hans-Günther Hönig ist mit Recht stolz auf das Lob. Seit 1970 backt der gebürtige Sachse in Hamburg, seit 1975 im eigenen Betrieb unweit des Niendorfer Marktes.

Aber wie wird man zum besten Bäcker der Stadt? Hönig nennt sein Erfolgsrezept „slow backing". Seinen Teiglingen gönnt er Zeit, viel Zeit. Zwischen 16 und 24 Stunden lagern sie im Kühlhaus. So bilden sich deutlich mehr Geschmacksstoffe, als wenn man aufs Tempo drückt. Und die morgens gebackenen Brötchen bleiben länger knackig, sind auch mittags noch richtig frisch. „Das freut die Leute", weiß Hönig, dessen Backweise auf traditionellen Verfahren fußt. Den ersten Brötchen, denen er einst die zusätzliche Reifezeit gönnte, gab er den Namen „Langschläfer". Er hat sich längst als Gattungsbegriff eingebürgert.

Hönig ist ein echter Tüftler, der bis zur Perfektion an den Rezepten für seine Backwaren feilt. Immer wieder legt er neue Stücke in die Körbe. Ciabattabrötchen oder Sylter Brötchen etwa sucht man andernorts vergebens. Einzigartig sind auch die Schwarzbrotbrötchen aus einer Mischung aus klassischem Brötchen- und Schwarzbrotteig. Kräftig sind sie, auch gesund. Und vor allem schmecken sie – das ist immer noch das wichtigste.

„Bäcker ist mein Beruf, Konditor meine Berufung", sagt der Sachse. Regelmäßig am Montag – seinem einzigen freien Tag in der Arbeitswoche – begibt er sich mit seiner Frau Heike auf Tour, um sich zu neuen Taten inspirieren zu lassen. Die Idee zur Mohn-Käse-Torte ist auf diese Weise entstanden, ebenso die zu seinen hauseigenen „Mozartplundern". Für seine „Dresdner Eierschecken" hat Hönig alte Backbücher gewälzt. Alles in allem kommen täglich mehr als 15 Torten in den Verkauf, dazu exzellente Petit Fours, Kuchen und natürlich selbst gemachtes Gebäck.

Auch wenn der Geschmack seiner Kunden sich in all der Zeit natürlich gewandelt hat, hält Hönig einem Klassiker seit 35 Jahren die Treue: der Jamaika-Torte. „Die bieten wir seit 35 Jahren jeden Tag an", freut sich der Bäcker. Bei so viel Enthusiasmus dürfte ihm sein Ehrentitel so schnell nicht zu nehmen sein.

Bäckerei Hönig
Inhaber: Hans-Günther Hönig
Ordulfstraße 2
22459 Hamburg
Telefon: 0 40/58 16 27
Telefax: 0 40/58 42 93

Konditorei Andersen Wandsbek

Ausnahmsweise sind sich selbst die härtesten Kritiker einig: In Wandsbek befindet sich mit der „Konditorei Andersen" eine der zehn besten Konfiserien Europas. Seitdem Robert Andersen, der Großvater des heutigen Firmenchefs, das Traditionsunternehmen 1914 in Haderslev gründete, werden tagtäglich hochwertige Leckereien produziert. Um die gewohnte Qualität zu garantieren, steht Adolf Andersen an jedem Morgen höchstpersönlich und mit großer Freude in der Konditorenstube. Verwendung finden hier nur die besten Rohstoffe: feine Kuvertüre aus Frankreich, aromatische Mandeln aus Spanien und Italien, Vanilleschoten aus Tahiti. Andersens Philosophie fußt auf einer einfachen Frage: „Was soll das für ein Kuchen werden, wenn schon die Butter nicht schmeckt?"
Neben der Auswahl der richtigen Zutaten gelten handwerkliches Können und Inspiration als weitere Erfolgsgeheimnisse. Adolf Andersen hat nie stur nach dem Rezeptbuch gearbeitet. Mit dem Erreichten war er selten zufrieden, sondern hat sich stets auf die Suche nach Neuem begeben. „Perfektion erreicht man nur durch Experimente", sagt der Zuckerbäcker. „Felice", die Schokolade, Mangopüree und Sojamilch enthaltende erste Anti-Aging-Praline, ist so entstanden. „Sascha", ein weiterer schmackhafter Verkaufsschlager, wurde dagegen bereits von Großvater Robert Andersen erfunden.

Pralinen und Trüffel, Marmeladen und Torten, Krokant und Schokolade – am besten erfüllen sich Leckerschmecker ihre süßen Träume gleich direkt vor Ort. Das Wandsbeker Stammhaus der Konditorei gestattet einen nostalgischen Ausflug in die Zeit, als noch nicht Schnellbäcker und Coffeeshops das Bild in den Straßen bestimmten. Bei einem Stück der unvergleichlichen Lübecker Nusstorte oder einer Vanilleschnitte mit frisch gekochtem Vanillepudding finden selbst hektische Gäste schnell wieder ins Gleichgewicht. Wer Gefallen an den Köstlichkeiten findet, sollte gezielt nachfragen: Adolf Andersen lässt seine Kunden nämlich gern teilhaben an seinem Können. Regelmäßig unterrichtet er sie in Kursen über die Kunst des Pralinenmachens. Und am Jahresende geht es gemeinsam in die Weihnachtsbäckerei.

Konditorei Andersen
Wandsbeker Marktstraße 153
22041 Hamburg
Telefon: 0 40/689 46 40
Telefax: 0 40/689 464 40

Xocolaterie Winterhude

Die alten Azteken wussten sehr genau, was ihnen Schokolade wert ist. Sie verwendeten Kakao nicht nur als Genuss-, sondern auch als Zahlungsmittel. Zehn Bohnen, so notierten die aus Mittelamerika nach Europa zurückkehrenden spanischen Conquistadores im 16. Jahrhundert, wurden für ein Kaninchen oder einen Hasen verlangt, 50 für eine Sklavin, 100 für einen Sklaven. Hernán Cortés, der Eroberer des Aztekenreiches, fand Gefallen an den ungewöhnlichen Tauschobjekten.

Doch auf dem alten Kontinent hielt sich die Begeisterung für „Xocoatl" in Grenzen. Dieses „bittere Wasser" war eine wenig betörende Mischung aus Wasser, gerösteten Kakaobohnen, Pfeffer und Chili. Erst als die Idee aufkam, es mit Rohrzucker oder Honig zu süßen, nahm seine Popularität zu. Mitte des 17. Jahrhunderts begann schließlich vom spanischen Hof aus der Siegeszug durch Europa. Für den Adel wurde Kakao zum Statussymbol und in vielen Städten entstanden neben den beliebten Kaffeehäusern erste Schokoladenstuben, in denen die feine Gesellschaft an ihren Tässchen nippte.

Christoph Huber kennt noch weit mehr Geschichten über Schokolade. Er weiß genau, wo seine liebste Leckerei ihre Ursprünge hat und bezieht sich schon bei der Benennung seines im März 2005 eröffneten Spezialitätengeschäfts darauf. So wurde aus „Xocoatl" die „Xocolaterie". Zugleich steht der Name für ein Zurück zu alten, überlieferten Werten wie Qualität, Reinheit der Zutaten und schonende Verarbeitung. „Schokoladen mit einem hohen Kakaoanteil erfreuen sich immer größerer Beliebtheit und auch Gewürze wie Chili, Pfeffer, Piment und Kardamom finden wieder großen Anklang – ganz so, wie bei den alten Azteken", freut sich Huber.

Einer der Auslöser für den neuen Trend war Lasse Hallströms wunderbarer Film „Chocolat" mit Johnny Depp und Juliette Binoche. Als er 2000 in die Kinos kam, stieg auch in Deutschland die Nachfrage nach edler Schokolade deutlich an. „Damals wurde sie als Genussmittel und als Garant für Sinnesfreuden wiederentdeckt", erinnert sich Huber.

Heute hat sich hochwertige und damit auch teurere Schokolade längst neben der weniger schmackhaften Ware aus dem Supermarkt etabliert.

In der „Xocolaterie" finden Liebhaber etwa die erstklassigen Produkte des deutschen Herstellers „Meisterwerk Chocolaterie", die spanische Marke „Blanxart" mit ihren mittelalterlich anmutenden Verpackungen, die höllisch scharfen italienischen Peperoncino-Tafeln von Venchi oder die aus Frankreich stammenden Plantagenschokoladen von „Michel Cluizel". Christoph Huber präsentiert einen bunten Strauß an außergewöhnlichen Delikatessen – übrigens nicht nur für den Selbstverzehr, sondern auch als attraktives Geschenk geeignet. Darüber hinaus hält er Trinkschokolade, Truffes und eine Auswahl an feinsten Pralinés bereit, die auch bei jüngeren Kunden Zuspruch finden. Seine Erfahrung: „Bei allem, was mit Schokolade zu tun hat, ist eine große Offenheit für Neues und Unbekanntes entstanden. Geschmack verändert sich eben und deshalb bin ich selbst häufig überrascht, wonach man verlangt." Auch Essigpralinen erfreuen sich wachsender Beliebtheit. Bei den alten Azteken dürfte diese Variante freilich unbekannt gewesen sein.

Xocolaterie
Inhaber: Christoph Huber
Gertigstraße 11
22303 Hamburg
Telefon: 0 40/278 077 92
Telefax: 0 40/429 398 11

Der Keksbäcker Lokstedt

„Exotik", sagt Jürgen Tandetzki, „Exotik ist teuer". Zum Beispiel die „Scharfen Herzen" zum Valentinstag: Butterteig wird mit einer Trüffelcreme angereichert und durch eine Prise Chili verfeinert. Fertig ist der Keks. Wer eher auf Altbekanntes steht, wird die Nase rümpfen. Tandetzki indes meint: „Wir backen vorwiegend nach traditionellen Rezepturen, aber man muss auch mal was Neues probieren."
Der Lokstedter Konditor und Bäckermeister kann sich das fröhliche Tüfteln leisten. Er ist „Der Keksbäcker", der norddeutschlandweit einzige Spezialist für handgefertigtes Kleingebäck. Eindeutig ein Exot der Branche, und Exotik ist – eine durchaus lohnende Angelegenheit. Sie bringt auch Renommee. Und Kunden. Schon vor zwei Jahrzehnten hat sich der damals noch vom Schwiegervater geführte Betrieb von Bienenstich und Herrentorte ab- und der Keksbäckerei zugewandt. Als Jürgen Tandetzki sie 2002 übernahm, war klar: Das ist genau die Nische, die der Markt für ihn reserviert hat. Verwendet werden ausschließlich frische Zutaten. Konservierungsstoffe sind tabu.
Das Risiko hat sich gelohnt. 2005 wurde er für sein innovatives Konzept als „Gründer-Champion" des Landes Hamburg ausgezeichnet. Und an Aufträgen herrscht kein Mangel. Renommierte Hoteliers bestellen seine Hafertaler, Kokosmakronen oder italienischen Cantuccini ebenso wie die Personalchefs großer Unternehmen. Bei ihren Meetings Billiggebäck aus Keksfabriken zu servieren, können sie sich gar nicht erlauben. Zudem hat der hauseigene Laden dienstags bis freitags geöffnet. Dann naschen sich die Nachbarn durch das Angebot der Woche. Der betörende Duft aus der Backstube, der den Raum durchflutet, erinnert viele Kunden an Großmutters Zeiten.
Das Sortiment umfasst rund 40 bis 50 Kekssorten. Es wurde kontinuierlich erweitert, ohne dass man die alten Spezialitäten aus der Liste strich. Zu den Klassikern wie dem begehrten Hamburger Braunen Kuchen oder gefüllten Bärentatzen gesellt sich Saisonware. Zur Weihnachtszeit sind natürlich Zimtsterne der Renner. Für die wärmeren Monate empfiehlt Tandetzki Rosenkekse. „Diese im Sommer 2005 von mir entwickelte Kreation aus Buttermürbeteig mit einem Klecks roter Marmelade, Mandelblättern und einem Hauch Rosenöl macht nicht nur Rosenliebhaber süchtig", verspricht er. Am besten, so fügt er hinzu, lassen sie sich mit Eiskaffee genießen.
„Der Keksbäcker" steht für den Trend zu Qualität und schonender Herstellung von Köstlichkeiten. Wie etwa auch in kleinen Kaffeeröstereien oder bei privaten Chocolatiers bildet die gelungene Verbindung von Tradition, Innovation und Kreativität die Basis für ein äußerst wohliges Geschmackserlebnis. Und weil das alles, so Jürgen Tandetzki, „auch noch jede Menge Spaß macht", können sich die Kunden sicher sein, nur beste Ware zu erhalten. Er selbst übrigens favorisiert gerade die Butter-Crossies mit Cornflakes. Aber das kann sich morgen bereits ändern – vielleicht kommt ihm ja wieder einmal etwas ganz Neues in den Sinn. Käuflich zu erwerben dann garantiert in dem kleinen Laden mit dem unwiderstehlichen Aroma.

BÄRENTATZEN

Zutaten
250 g Butter, 250 g Zucker
2 Päckchen Vanillinzucker, 3 Eigelb
abgeriebene Schale einer unbehandelten Zitrone
500 g Weizenmehl, 2 gestrichene Teelöffel Backpulver
gut 1 Esslöffel Milch
100 g Nussnougat, 150 g Zartbitterkuvertüre

Zubereitung
Die Butter geschmeidig rühren und nach und nach den Zucker, Vanillinzucker, Eigelb und abgeriebene Zitronenschale unterrühren. Das Mehl mit dem Backpulver mischen, sieben, nach und nach Esslöffelweise mit der Milch unterrühren. Bevor das Mehl ganz untergearbeitet ist, wird der Teig sehr fest, dann den Rest des Mehls unterkneten. Den Teig anschließend in einen Spritzbeutel mit Sterntülle füllen, kleine Bärentatzen auf ein gefettetes, mit Mehl bestreutes Backblech spritzen (Tülle aufsetzen, einen dicken Tupfer aufspritzen, dann spitz auslaufen lassen). Das Blech auf der mittleren Schiene im vorgeheizten Backofen 170 °C 10 bis 15 Minuten backen.
Für die Füllung Nussnougat und Zartbitterkuvertüre getrennt im Wasserbad zu einer geschmeidigen Masse verrühren, die Hälfte der erkalteten Plätzchen umdrehen, mit der Nougatmasse bestreichen und die anderen Plätzchen draufsetzen. Zum Abschluss die Bärentatzen mit der Spitze in die Kuvertüre tauchen.

Der Keksbäcker
Inhaber: Jürgen Tandetzki
Sorthmannweg 10
22529 Hamburg
Telefon: 0 40/56 25 87
Telefax: 0 40/560 50 06

Schokovida Eppendorf

Schon der Name verspricht Großes: Vanuatu. So heißt eine jener traumhaften Südseeinseln, die bei Mitteleuropäern Sehnsucht und Fernweh wecken. Und so heißt eine Schokolade. Nicht eine x-beliebige, sondern eine der besten der Welt. Der das sagt, ist Experte. Oliver Rohlf führt seit Herbst 2004 das erste Schokoladen-Fachgeschäft in Hamburg, „Schokovida". Die Billigmarken aus dem Kiosk interessieren ihn nicht die Bohne. Ihm kommt nur die edle Ware der großen Chocolatiers ins Regal. Wie eben „Vanuatu Trinitario" aus der Reihe „Les Tropiques du Chocolat" des französischen Premiumherstellers Pralus. „Einfach unglaublich", sagt Rohlf. Und das sagt er nicht oft.

Seinen größten Fürsprecher hat der Schokomann in Alexander von Humboldt. „Kein zweites Mal hat die Natur eine solche Fülle der wertvollsten Nährstoffe auf einem so kleinen Raum zusammengedrängt wie gerade bei der Kakaobohne", konstatierte der Entdecker einst. Rohlf bestätigt: „Die Qualität von Schokolade hängt primär von der Qualität der verarbeiteten Kakaobohnen ab." Top ist die Criollo, ein ausgesprochen aromareiches, aber höchst seltenes Kind, dem der Weltmarkt bescheidene zwei bis drei Prozent seiner Produktion verdankt. Schon etwas öfter findet die Trinitario Verwendung und die Forastero steckt in beinahe jeder Supermarkt-Tafel.

Oliver Rohlf weiß so gut wie alles über Schokolade. Er kann selbst dem unkundigsten Laien erklären, warum 75-prozentige besser schmecken als jene mit weniger Kakao-Anteil, welche Lagertemperatur optimal ist und weshalb die „Vanuatu" nicht zum Kaffee passt. In seinem Laden findet sich keine noch so exotische Sorte, die er nicht selbst probiert hat. Die Auswahl ist beachtlich, und trotzdem ergattern sich immer wieder neue Überraschungen einen Platz im Sortiment. Rohlf führt auch feinste Pralinen und Trüffel, Marzipan und Kakaobohnensplitter, Trinkschokolade und Flodebolle. Diese dänischen Negerküsse werden jeden Donnerstag geliefert und sind bereits nach wenigen Stunden verkauft. Schokolade ist eben ein echter Glücksgarant. Für Traumtafeln von Amedei, Domori oder Cowgirl blättern Kenner deshalb schnell ein paar Scheine auf den „Schokovida"-Tresen. Dennoch, so gibt Oliver Rohlf zu bedenken, sei doch erfreulich, „dass die weltbeste Schokolade noch um einiges preisgünstiger ist als etwa der weltbeste Wein".

Schokovida
Inhaber: Oliver Rohlf
Hegestraße 23
20249 Hamburg
Telefon: 0 40/878 708 08
Telefax: 0 40/878 708 07

Süße Träume

Abdulkarim strahlt. Mit elegantem Schwung holt er eine Schütte voller kleiner Schalen aus dem überquellenden Sack. Und lächelt, als wir ihn fragend ansehen. Hatten wir nicht nach Kaffee gefragt? „Yes, Coffee", nickt Abdulkarim und riecht verzückt an dem Häuflein, das er sich in die hohle Hand gekippt hat. Dann klärt uns der Verkäufer vom großen Handelsmarkt in der jemenitischen Hauptstadt Sana'a auf: Ausgerechnet in dem Land, das gemeinhin als seine Heimat gilt, bereitet man Kaffee ganz anders zu als überall sonst in der Welt. Für den hier getrunkenen Qahwa – womit ursprünglich arabischer Wein gemeint war – werden allein die Hülsen der Kaffeebohnen mit Gewürzen und Zucker aufgekocht. Zu Hunderten stehen die Schalensäcke auf den Märkten. Richtige Bohnen dagegen gibt es nur an wenigen Ständen in den hinteren Winkeln des Suk zu kaufen.

Auch wenn die Jemeniten lieber süßen Tee trinken – ohne sie wäre der Siegeszug des braunen Muntermachers nicht denkbar. Der Legende nach waren es portugiesische Kaufleute die einst in der am Roten Meer gelegenen Hafenstadt Mocha von dem ihnen gänzlich unbekannten Gebräu probierten. Allzu schlecht dürfte es ihnen nicht geschmeckt haben, denn fortan entwikkelte sich Mocha zum bedeutendsten Ausfuhrhafen für arabischen Kaffee. Viele Schiffe gingen bis ins weit entfernte Hamburg, wo sie ihre wertvolle Fracht anlandeten. Die Hansestadt stieg zu einer der europäischen

Kaffeemetropolen auf, auch wenn die bis weit in die zweite Hälfte des 20. Jahrhunderts hinein das Bild bestimmende Kaffeehauskultur anderswo ihren Anfang nahm. In Wien etwa, in Paris oder Prag.

Heute ist alles anders im vereinten Kaffee-Europa. Der Muff des plüschigen Kaffeekränzchens ist vertrieben. Schicke Coffee-Shops und -Bars haben die alten Paläste verdrängt. Kleine private Röstereien halten Sorten aus den exotischsten Anbaugebieten bereit, laden zu Verkostungen und Probierabenden ein. Kaffee, lange Zeit unter jungen Leuten eine verpönte Reminiszenz an die Vergangenheit, gilt plötzlich als hochwertiges Trendgetränk. Die Variante „Coffee to go" hat sich binnen kürzester Zeit den Status eines Grundnahrungsmittels bei den modernen und mobilen Metropolenbewohnern erobert. Die wenigen Traditionalisten, die es noch gibt, müssen sich mancherorts schon schräge Blicke gefallen lassen, wenn sie in einem dieser gestylten Läden schlicht nach einer Tasse Kaffee verlangen. Entschuldigung, aber wer bestellt denn heute noch einen simplen Kaffee? Einen Latte Macchiato vielleicht, womöglich einen Cappuccino, einen Café au lait natürlich. Im Angesicht der Espressomaschine gibt sich der Deutsche gern wortgewaltig und weltgewandt. Nur mit diesen komischen Hülsen von Abdulkarim will man sich hierzulande noch nicht so recht anfreunden – was nicht viel heißen muss. Die Wege der Trends sind schließlich unergründlich.

Petit Café Eppendorf

Wer es kennt, hütet es sorgsam wie seinen Augapfel. Wer Genaueres darüber weiß, macht ein großes Geheimnis daraus. So ist es bis heute eines der letzten ungelösten Rätsel der Konditorenkunst geblieben: das Rezept des besten Streuselkuchens. Seit mehr als 20 Jahren sinnieren die Gäste des Hamburger „Petit Cafés" darüber nach. Doch alles Grübeln und Bohren hilft nichts. Die Kellnerinnen des Eppendorfer Prominententreffs verraten kein Wort. Und Ingeborg Stiller, die das Café einst ins Leben rief, gibt erst recht keine Details preis.

Die Liste der verwendeten Zutaten und die Tipps für die richtige Zubereitung bleiben gut unter Verschluss. Sie wurden Mitte des 19. Jahrhunderts in Pommern von Stillers Ururgroßmutter niedergeschrieben und seitdem ausschließlich innerhalb der Familie weitergereicht – stets umhüllt vom Mantel der Verschwiegenheit.

Ist schon in Ordnung so. Man muss ja nicht alles wissen. Der seltsame Mythos des Ungewissen, der diesen Kuchen umweht, sensibilisiert die Geschmacksnerven stets aufs Neue. So sollen und dürfen Genießer sich voll und ganz der vorbehaltlosen Nascherei widmen. Sie kommt saftig, leicht und flockig, stets warm und ofenfrisch daher. Schon morgens zur Frühstückszeit gehen die ersten Stückchen über den Tresen. Mit Kirschen oder Zwetschgen belegt, mit Apfelstückchen oder Rhabarber, Waldbeeren oder Mohn. „Wir richten uns da ganz nach den Jahreszeiten und mixen auch gerne, weil die Früchte sich gegenseitig ein gutes Aroma geben", sagt Ulrike Stiller. Sie führt das Haus inzwischen für ihre nach Norwegen umgesiedelte Mutter.

Die Gründerin des „Petit Café" hat die Stühle und Tische in den kuscheligen Ecken ebenso liebevoll ausgesucht wie die Kaffeetassen, Kuchenteller und Zuckerdöschen. Ein buntes Sammelsurium der Stile, das erheblich zum Wohlgefühl der Gäste beiträgt. „Viele davon", freut sich Ulrike Stiller, „kamen zum ersten Mal als kleine Kinder zu uns." Inzwischen sind aus den kleinen große Gäste geworden, die im „Petit Café" zu Kaffee und Kuchen zusammenkommen.

Damit alle Besucher über die Empfehlungen des Tages Bescheid wissen, werden sie an jedem Morgen auf der großen Tafel hinter dem Tresen notiert. Über das weitere Angebot informieren die netten Kellnerinnen. Selbstverständlich wissen sie auch darüber Bescheid, welche Früchte den Streuselkuchen des Tages zieren. Und sie dürfen tatsächlich doch ein Geheimnis verraten – dass nämlich der heute so überaus beliebte Milchkaffee einst im „Petit Café" seine Hamburger Premiere feierte. Nach einem Rezept von … nein, nicht von 1855.

Petit Café
Inhaberin: Ulrike Stiller
Hegestraße 29
20249 Hamburg
Telefon: 0 40/460 57 76

TH^2 Winterhude

Zum Frühstück kommt man nicht, zum Frühstück bleibt man! Diese Devise hat Torsten Hallmann zur goldenen Regel veredelt. Jahrelang, so gesteht der Hamburger, habe er sich zuvor geärgert, dass man in seiner Lieblingsstadt nirgendwo gepflegt frühstücken konnte. „In der ganzen Welt ging das, nur hier nicht.“

Ärger ist, so scheint es, eine gute Triebfeder. Hallmann klagte nur kurz, entschied sich dann, selbst für Abhilfe zu sorgen. Kein x-beliebiges Café wollte er schaffen, sondern eines mit Stil und Klasse. Eines, das seine Besucher Tag für Tag in eine andere Welt eintauchen lässt. Eines, wo schon morgens um acht Uhr frischer Kaffee und frische Brötchen serviert werden. 1998 war es so weit. Aus der Idee wurde Wirklichkeit. Am gerade einen ordentlichen Boom erlebenden Mühlenkamp eröffnete Hallmann mit seinem Partner Torsten Eim das „TH^2“. Viel musste seitdem nicht verändert werden. Das Lokal, eine gelungene Mixtur aus Café und Tagesbar, zeigt sich in zeitlos unschuldigem Weiß, die Gäste nehmen in bequemen Korbstühlen Platz. „Die Tage der dunklen und verspielten Läden sind gezählt“, meint der Chef. „Die Leute wollen Klarheit.“

Dass es sich im „TH^2“ gut frühstücken lässt, hat sich herumgesprochen. „Viele Besucher kommen gezielt zu uns, auch schon um acht Uhr“, weiß Torsten Hallmann. Er überzeugt sie mit phantasievollen Angeboten. So steht ein Wellness-Frühstück mit Ayurvitalischem Kräutertee ebenso in der Karte wie ein Antistress- oder ein Kefir-Frühstück. Wem das so früh am Morgen denn doch zu gesund sein sollte, der kann ja später wiederkommen. Hallmann: „Frühstück gibt's so lange, wie die Zutaten vorrätig sind.“

Ein weiterer Pluspunkt: Wo möglich, setzt man im „TH^2“ auf das Prinzip „selfmade“. Schon morgens geht es etwa in der hauseigenen Backstube hoch her. Das Kuchenbüffet soll schließlich nicht erst am späten Nachmittag den Gaumen der Leckermäuler erfreuen. Was fertig ist, kommt gleich in die Vitrine. Besonders beliebt sind die schwedische Mandeltorte, Eierlikörpuffer, die portugiesischen Vanilletörtchen und der Bananen-Nusskuchen. Wer's eher deftig als süß mag, ist mit dem aus der Traditionsbäckerei Pritsch gelieferten Sauerteigbrot gut bedient, das hier als „Belgische Brotzeit“ gereicht wird.

Die Liste der Spezialitäten ließe sich beliebig ergänzen – etwa um Panini und Pasta, um Suppen und Salate. Aber das „TH^2“ ist mehr als nur eine weitere Lunchbar. Es ist ein Platz, wo man gerne ist, wo man die Stunden mit Muße vergehen lässt, wo man mit Freunden und Bekannten das Leben genießt. Oder sich sogar im Kochkurs mit den Feinheiten der internationalen Küche vertraut macht. „So haben wir uns das auch vorgestellt“, betont Torsten Hallmann. Gerne gibt er seinen Kunden die eine oder andere Delikatesse mit auf den Weg: Fertigsuppen, Eingemachtes, Marmeladen oder Tees gibt's auch im Außer-Haus-Verkauf. Und wer daheim nicht auf das von Star-Designer Peter Schmidt entworfene Geschirr mit dem Haus-Logo verzichten mag, kann Tassen und Teller hier ebenfalls erwerben. Wer weiß, wer dann noch alles zum Frühstück bleiben wird...

ROTWEIN-KUCHEN

Zutaten

300 g Butter
300 g Zucker
300 g Mehl
6 Eier
1 Pk Vanillezucker
1 Pk Backpulver
2 EL Zimt
2 EL Kakao
3 EL Schokostreusel
1/8 Liter Rotwein

Zubereitung

Zutaten gut miteinander vermengen und anschließend bei 150 bis 170 °C etwa eine Stunde lang backen.

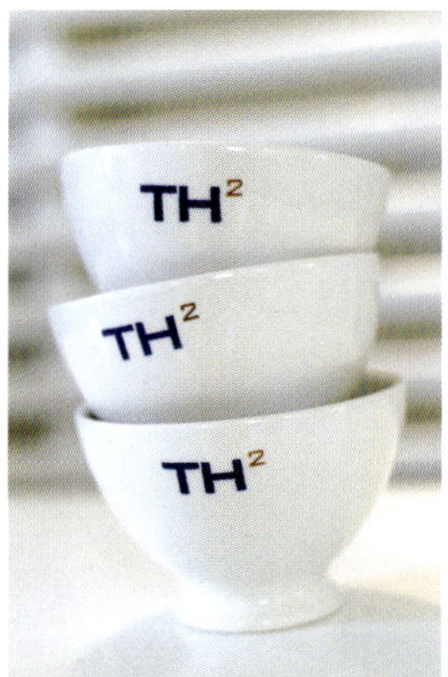

TH²
Inhaber: Torsten Hallmann & Torsten Eim
Mühlenkamp 59
22303 Hamburg
Telefon: 0 40/27 88 00 80
Telefax: 0 40/27 88 00 81

Café Gnosa St. Georg

Manchmal trauen späte Gäste kaum ihren Augen: Da geht es hart auf Mitternacht zu, und im „Café Gnosa" sitzt man bei Kaffee und Kuchen zusammen. Aber warum soll denn das Stück Birnenrahmtorte nicht auch mitten in der Nacht schmecken? „Dafür gibt's doch wirklich keinen Grund", schmunzelt Bernhard Wissing, ein Drittel des Betreiber-Trios. Und wenn es doch einen gebe, würde ihn das auch nicht weiter stören.

In dem gemütlichen Café mit dem Schick der Fünfziger Jahre wurden schon ganz andere Tabus gebrochen. „Wir waren die ersten, die in der Langen Reihe Stühle vor die Tür stellten", erinnert sich Wissing. Und als sich anderswo schwule Gastronomie noch hinter verschlossenen Türen abspielte, konnten Passanten durch die großen Schaufenster bereits sehen, was sich hinter der Idee vom „lesbisch-schwulen Café mit gemischtem Publikum" verbirgt.

Gebacken wird an diesem Ort schon seit Ewigkeiten. Die Geschichte des Hauses geht zurück bis ins Jahr 1939, als die Hamburger Familie Gnosa hier eine Konditorei mit angeschlossenem Café eröffnete. Mobiliar, Tapeten und Gäste setzten im Laufe der Zeit mächtig Patina an. Als die Gründerfamilie sich aus dem Geschäft zurückzog, fand sich zunächst kein neuer Betreiber. Erst Kai Reinecke und Effi Effinghausen, die lange das legendäre „Café Tuc Tuc" geführt hatten, schlugen schließlich zu. In den alten Räumen erkannten sie ihre Möglichkeiten. Als sie das Lokal 1987 übernahmen, war sofort klar: Ambiente und Flair würden erhalten bleiben. Stühle und Tische wurden repariert, das große Wandbild vom Grauschleier befreit, Lampen instand gesetzt und mit neuen, zum Stil passenden ergänzt.

Seit Mitte 2005 führt Katrin Wheeldon in der hauseigenen Konditorei das Rezeptbuch. Rund 40 bis 50 Torten und Kuchen zählen zum Standardangebot, darunter Klassiker wie die Birnenrahmtorte oder der Rhabarber-Streusel. Mit neuen Kreationen beweist die Konditorin tagtäglich ihre individuelle Handschrift. Zudem fühlt sie sich für die Präsentation ihrer Werke verantwortlich: Jeden Morgen kurz vor zehn Uhr platziert sie sie persönlich in der großen Vitrine am Eingang.

Der Beliebtheit seiner Torten und Kuchen zum Trotz versteht sich das „Café Gnosa" als „Dreispartenhaus" mit Frühstück, Mittagstisch und einer durchgehend warmen und kalten Ganztagskarte. Wichtigstes Prinzip dabei: „Wir verwenden nur Produkte, bei denen wir ein gutes Gewissen haben können." Statt Schinken aus dem Supermarkt kommt solcher aus Parma auf den Frühstücksteller. Für regen Zulauf in den Abendstunden sorgt neben anderen Getränken die sehr ordentliche Auswahl an roten und weißen Weinen. Und dazu passen dann mit Sicherheit die Angebote der Abendkarte ebenso wie das eine oder andere Stück vom Kuchenbüffet.

Café Gnosa
Inhaber: Kai Reinecke, Michael Morche
und Bernhard Wissing
Lange Reihe 93
20099 Hamburg
Telefon: 0 40/243 034
Telefax: 0 40/243 490

Caffe' 42 Winterhude

Die Zahl 42 wäre nicht weiter spektakulär, hätte nicht Deep Thought in Douglas Adams' „Per Anhalter durch die Galaxis" auf die Frage nach dem Sinn des Lebens eben die Antwort „Zweiundvierzig" gegeben. Auch jede andere Zahl wäre möglich gewesen, bekannte der Autor später.

Ganz anders bei Carola Viebrock: Die Hausnummer gab ihrem Café im Herzen Winterhudes den Namen – und die ist nun einmal die magische 42. Den Ausschlag, das kleine Ecklokal am Mühlenkamp zu kaufen, gaben indes andere Aspekte. „Ich hatte mich schon beim ersten Besichtigungstermin in den Laden verliebt und mir genau ausgemalt, was man daraus machen kann", sagt Viebrock. Binnen kürzester Zeit schuf sie ein freundliches und helles Refugium mit klaren räumlichen Strukturen und einer pfiffigen Atmosphäre, das perfekt zu der prosperierenden Einkaufsstraße passt. Nach dem Bummel durch die Läden oder im Anschluss an einen Rundgang an der Alster schmeckt der große Becher Schokolade hier besonders gut. Dazu ein Stückchen Käsekuchen aus eigener Produktion, und der Tag ist gerettet. „Kuchen ist mein Faible", meint die Café-Chefin. Mit Matthias Commercon hat sie einen Partner gefunden, der diese Vorliebe teilt und den Gästen Kreationen wie Brombeer-Mandel-Grieß-Streusel oder Erdbeer-Rhabarber-Quarkkuchen anbietet. Selbstverständlich verwendet er ausschließlich Früchte der jeweiligen Jahreszeiten.

Freilich: Kuchen allein macht auch in Winterhude nicht glücklich. Dass sich schon früh um zehn Uhr erste Gäste im „Caffe 42" einfinden, liegt am mannigfaltigen Frühstücksrepertoire. Da ist tatsächlich für jeden Geschmack etwas dabei: die süße Variante für Naschkatzen, die herzhafte für Käse-Liebhaber, die gesunde für Müsli-Freunde, die amerikanische für den Bagel-Fan. Ähnlich facettenreich gestalten sich Mittagstisch und Abendkarte. „Ich möchte meinen Gästen zu jeder Tageszeit und zu jeder Gelegenheit etwas bieten, was den Vergleich mit den Top-Lokalen nicht zu scheuen braucht", formuliert Carola Viebrock als Anspruch. Kompromisslos gibt sie sich auch bei der Bestückung des Weinregals. Das Angebot ist international mit Schwerpunkt auf italienischen und spanischen Anbaugebieten. Der Genuss guter Tropfen gehört zweifellos zum Sinn des Lebens dazu.

Caffe' 42
Inhaberin: Carola Viebrock
Mühlenkamp 42
22303 Hamburg
Telefon: 0 40/278 806 42
Telefax: 0 40/278 806 41

Café Casero Hoheluft

Erholung von Hast und Anspannung – mit diesen Zauberworten bietet das Café Casero ein angenehmes Gegenprogramm zur Hektik des Lebens. Die Gäste entdecken hier an zentraler Stelle ein ruhiges Plätzchen zum Entspannen und Auftanken, zum Plauschen und Gedanken verlieren – perfekt geeignet für einen kurzzeitigen Rückzug aus dem Alltag oder einen Zwischenstopp beim Spaziergang durchs Viertel. Wer am Abend gemütliche Stunden zu zweit favorisiert, kommt in den Genuss von leiser Musik und Kerzenschein. Wer sich lieber eine frische Brise um die Nase gönnt, kann sich selbst bei kühlerem Wetter auf der Straßenterrasse seinem Faible hingeben.

Kein Zweifel: So lässt es sich gut aushalten. Bei einem Becher mit heiß dampfendem Kaffee und einem leckeren Stück Torte verlieren unter den großen Heizstrahlern nämlich auch Kälte und Herbstwinde ihren Schrecken. Und für den wohl doch eher unwahrscheinlichen Fall, dass die innere Wärmezufuhr einmal nicht ausreichen sollte, liegen kuschelige Decken und Kissen bereit.

Die berühmte Frühstücksfrage „süß oder herzhaft?" beantwortet das Café Casero mit einem eindeutigen „Sowohl als auch". Leckermäuler erfreuen sich bis weit in den Nachmittag an Marmelade, Honig und Nutella, Liebhaber deftigerer Frühkost an ausgewählten Wurst- und Käsespezialitäten. Ein Klassiker ist das Frühstück für zwei, bei dem richtig groß aufgefahren wird und kein Wunsch unerfüllt bleibt. „Ich möchte einfach, dass man sich bei uns wohl fühlt", unterstreicht der aus Kroatien stammende Inhaber Toni Ilic, der das Lokal im Januar 2002 eröffnet hat und es mit seiner eigenen Präsenz noch immer prägt.

Die Größe seines Schmuckkästchens hält Ilic für ideal. „Lieber überschaubar und persönlich als anonym und auf Massenabfertigung ausgerichtet", sagt er. Seine rechte Hand ist Koch Michal Aburam, der eine passende Speisenauswahl anbietet, vorzugsweise Nudelgerichte, Salate, Suppen und kleinere Snacks. Alles natürlich frisch zubereitet – dafür bürgt schon der Name des Cafés. Im Spanischen bedeutet „casero" nämlich nichts anderes als „hausgemacht".

Café Casero
Inhaber: Toni Ilic
Eppendorfer Weg 281
20251 Hamburg
Telefon: 0 40/480 969 96

Leonies Coffee & more Winterhude

Anders als in der mitteleuropäischen Küche versteht man in den Kochstuben Asiens unter Curry nicht das bekannte Gewürz, sondern eine in vielen Variationen auftretende Mischung, die etwa als Sauce gereicht wird. So auch in Sri Lanka. Auf der südlich des indischen Subkontinents gelegenen Insel gilt „Rice and Curry" sogar als Nationalgericht, das bei allen passenden Gelegenheiten auf den Tisch kommt. Die Vielfalt der Fleisch- und Gemüsecurrys ist beeindruckend: In jedem Haushalt lässt sich aus rund 300 Körnern und Kräutern ein individuelles Rezept zubereiten. Koriander, Chili, Kardamon und noch einige Gewürze mehr sind als Grundlage immer dabei.
Woher sie ihr Curry bekommt? Leonie da Silva macht daraus kein Geheimnis. Regelmäßig erhält sie die Zutaten von ihrer Mutter in Sri Lanka zugeschickt – geerntet im eigenen Garten. In ihrem kleinen Winterhuder Ecklokal serviert die seit 30 Jahren in Hamburg lebende Gastronomin „Rice and Curry" täglich zum Mittagstisch. Die exotische Delikatesse, in der Regel mild und sanft im Geschmack, auf Wunsch aber auch scharf gewürzt, findet viel Zuspruch unter Leonies Gästen. Trotzdem: Auf dem Schild über der Ladentür steht „Coffee and more", nicht „Curry and more".

Ein eigenes Lokal zu führen sei für sie „immer ein Traum" gewesen, sagt Leonie da Silva. Jahrelang arbeitete sie in einem Restaurant, dann ergab sich 2003 tatsächlich die Chance, eine ehemalige Modeboutique zu übernehmen und umzubauen. Leonie griff beherzt zu und machte sich daran, ihre Idee vom individuellen und ganz auf sie selbst zugeschnittenen Café zu verwirklichen. Konzepte von der Stange gebe es schon zu viele, meint sie. „Persönlichkeit und Charakter sind entscheidend und machen den Charme aus."
So hat sie nicht nur auf die Zusammenstellung der Getränke- und Speisekarte viel Mühe verwandt, sondern sich auch um die geschmackvolle Gestaltung der Wände und die Wahl der Gardinen gekümmert. Fröhlich sonnige Rot-, Gelb- und Terracotta-Töne bestimmen den Raum. An der langen Fensterfront laden schmale Holztische zum Verweilen ein. Das Angebot wird gut genutzt: Schon zur morgendlichen Frühstückszeit sind die ersten Plätze besetzt, und die Zahl der Besucher nimmt im Tagesverlauf noch deutlich zu. Leonie selbst wirbelt hinter der Theke, belegt die Bagels, schiebt den Kuchen in die Vitrine und wirft die Kaffeemaschine an. Und wenn Mütter mit ihren Kleinen vorbeischauen, gibt's für den Nachwuchs einen Kinder-Cappuccino nach Art des Hauses: Kakao mit viel Milchschaum.

Leonies Coffee & more
Inhaberin: Leonie da Silva
Alsterdorfer Straße 34
22299 Hamburg
Telefon: 0 40/46 77 81 69

Café du passage Winterhude

Welch ein Irrtum, zu glauben, Metropolen von Rang würden ihre Identität nur über die glitzernden und glamourösen Stadtviertel mit den grell flimmernden Leuchtreklamen gewinnen. Bedeutend wichtiger sind die eher unscheinbaren, versteckten Winkel, Gassen und Ecken. Hier gibt es sie noch, die kleinen, sympathischen Läden, Cafés und Lokale mit Herz und Charme. Ein solches Kleinod ist das „Café du passage". Es wurde Anfang 2003 von einem couragierten Trio eröffnet: Eric Paschke, Michael Sienknecht und Frédérique Cambet betraten damit nämlich gastronomisches Neuland. Einzig Sienknecht hatte bis dato in der Nähe einen Teeladen betrieben.

„Wir hatten damals diesen leer stehenden Laden auf dem Weg zum U-Bahnhof Lattenkamp entdeckt", erinnert sich Frédérique Cambet. Man war sich sofort sicher, daraus etwas machen zu können. Die aus Lyon stammende Französin, die schon seit langem im Ausland lebt, wollte mit ihren beiden Mitstreitern ein Café mit einer angenehmen, unaufdringliche Atmosphäre, ausgefallender Musik und vor allem hausgemachten Speisen anbieten. Dass sie durchhalten würden, stand für sie nie infrage: „Wir haben immer an unsere Idee geglaubt. Und jetzt ist es einfach nur schön, dass es Leute gibt, denen das gefällt, was wir selbst mögen."

Die Kuchen zum Beispiel gefallen Betreibern wie Gästen gleichermaßen. Frédérique Cambet hat aus ihrer Heimat eine Reihe von Rezepten mitgebracht, die so ganz anders sind als die hierzulande aus Standardcafés bekannten. „Bis auf den typischen deutschen Käsekuchen, einer der Highlights des Programms." Sensationell sind etwa die Obsttartes mit frischen Früchten der Saison oder die unvergleichlichen St.-Pierre-Törtchen, mit Mandel und Schokolade. So wie im „Café du passage" werden diese Delikatessen sonst nirgendwo in Hamburg hergestellt.

Überragend ist das Tee-Angebot, übrigens wie alles andere auch zum Mitnehmen. Die vierseitige Liste umfasst rund 30 Sorten – von der klassischen, fein abgestimmten Ostfriesenmischung über Yogitee bis zu fünf Varianten vom Rotbusch. Kenner rühmen darüber hinaus den „Chung Feng", einen feinen chinesischen Jasmintee mit einer sehr lieblichen, duftigen Note. Wer mehr über die einzelnen Sorten wissen möchte, oder am „Tee der Woche" Interesse hat, findet in Michael Sienknecht einen kompetenten Gesprächspartner. Und Sienknecht weist noch weitere Talente auf, unter anderem das Kochen. Neben dem ab 10 Uhr servierten Frühstück bietet er täglich Salate, Suppen oder Quiche an. Diese aus der französischen Küche kommende Kombination aus Mürbeteig und frischem Gemüse wird in verschiedenen Variationen angeboten. Und ordentlich satt macht sie zudem.

Café du passage
Inhaber: Eric Paschke, Michael Sienknecht, Frédérique Cambet
Lattenstieg 4
22299 Hamburg
Telefon: 0 40/51 50 70

Café Theatre Ottensen

Beaujolais – diese Herkunft verpflichtet. In der Heimat der großen Weine ist Stephane Michel aufgewachsen, doch wirklich heimisch fühlt sich der Gastronom in Hamburg. „Nein, aus Frankreich vermisse ich wenig. Von meiner Mentalität her bin ich eigentlich eher Deutscher." Zum Beispiel, was den Hang zur Perfektion anbelangt. Er ärgere sich oft über Kleinigkeiten, sagt er, versuche „immer alles besser zu machen". Keine schlechte Einstellung für einen Bar- und Restaurantchef, möchte man meinen.
Und tatsächlich: Im „Café Theatre", das er seit März 2005 führt, zeugt Michels persönliches Optimierungsprogramm von Erfolg. Das zwischen dem Thalia-Theater und der Probebühne des Deutschen Schauspielhauses auf dem Kulturgut-Gelände gelegene Lokal strahlt eine ganz spezielle Atmosphäre aus. Die attraktive Mischung aus Kunst, Kultur und Kreativität strahlt auf die Gäste aus. So kann man sich auf den aus dem Schauspielhaus stammenden Theaterstühlen schon einmal auf den nächsten Bühnenabend einstimmen. Regisseure und Schauspieler holen sich hier ebenso ihre Kraft und Inspiration wie die Besucher der beiden renommierten Häuser. In der gemütlichen Umgebung lässt sich beim Essen oder beim Wein trefflich über die Philosophie der aktuellen Inszenierungen diskutieren.
Dafür, dass es dabei nicht allzu verkopft zugeht, sorgt Stephane Michel persönlich. Er ist zwar gelernter Koch, hält sich aber nur noch selten in der Küche auf. „Ich finde es viel wichtiger, mich um meine Gäste zu kümmern." Das indes kann er nur sagen, weil der Kochtrupp auch ohne den Meister funktioniert. Sowohl mittags als auch abends kommen neben Speisen für den kleinen Hunger mehrgängige Menüs auf den Tisch. Als Vorspeisen reicht Michel etwa eine Kürbissuppe mit Zimt-Croûtons oder Edelfisch-Eintopf mit Curry-Rouille. Bei den Hauptgängen reicht die Palette vom Dammwildrücken mit Quittenchutney und Knödeln bis zum Störfilet auf Le-Puy-Linsen. Was genau auf die Karte kommt, entscheidet le chef gemeinsam mit seinem Küchenchef Eric Gossmann nach dem morgendlichen Rundgang über den Markt.
Die finale Runde in der Küche läutet Michel übrigens erst ein, nachdem in den benachbarten Spielstätten der letzte Vorhang gefallen ist. „Wir richten unsere Öffnungszeiten nach dem Theater aus, denn die Leute sollen ja die Chance haben, nach dem Besuch dort zumindest noch eine kleine Leckerei zu sich zu nehmen", betont der fürsorgliche Patron.
Wer danach noch länger bleiben möchte, wird an den Cocktail- und Weinkarten zweifellos Gefallen finden. Mehr als 25 weiße und rote Flaschenweine finden sich hier, darunter auch der von Kennern hoch gelobte „Grange de Pères" aus einem der angesehensten Weingüter des Languedoc. Im Sommer lassen sich solch gute Tropfen auch draußen genießen – ganz ohne störenden Autoverkehr.

GRATINIERTER PARMESAN MIT ROSMARIN UND HONIG AN ROTE BETE CARPACCIO UND FELDSALAT IN SCHALOTTEN-SPECK-VINAIGRETTE

Zutaten

320 g Parmesan
2 Zweige Rosmarin
Honig
2 gekochte Rote Bete
200 g Feldsalat
3 Schalotten
100 g Speck ohne Spaten
Essig und Öl
Salz und Pfeffer
1 EL Senf

Zubereitung

Für die Vinaigrette Speck in kleine Würfel schneiden und kurz rösten, im Sieb abtropfen lassen.
Schalotten schälen und ganz dünn schneiden. Den Esslöffel Senf mit Pfeffer aus der Mühle, 1 Prise Salz und 2 Esslöffeln Essig einrühren, 4 Esslöffel Öl dazu geben.
Für den Parmesan 80 Gramm davon in eine Terracottaschale mit Rosmarin legen und mit Honig begießen. Kurz in der Mikrowelle erwärmen, bis der Käse beginnt zu schmelzen, dann unter den Grill stellen.
Den Salat fertig anrichten. Feldsalat putzen und die Rote Bete in ganz dünne Scheiben schneiden. Den Feldsalat in der Mitte des Tellers anrichten und die Rote Beete-Scheiben ringsherum anordnen. Die Vinaigrette überall verteilen und frischen Pfeffer darüber geben.
Dieses Gericht kann als Vorspeise sowie als Dessert gegessen werden.

Bon Appetit!

Café Theatre
Inhaber: Stephane Michel
Gaußstraße 190
22765 Hamburg
Telefon: 0 40/306 034 22

Manufaktur Hoheluft

Sie ist ein bisschen aus der Mode gekommen, die gute alte Eckkneipe. War ja auch nicht immer nur schön dort – stets etwas altbacken, dunkel und mit viel überflüssigem Krimskrams dekoriert. Aber, zugegeben, irgendwie gemütlich war's doch, und wohl und willkommen geheißen hat man sich auch gefühlt, wenn Wirt und Wirtin schon beim zweiten Besuch ein persönliches Wort zum Bier dazu spendierten. Die vielen modernen und geschäftsmäßigen Bistros mit ihrem Retortenschick aus dem Design-Katalog haben diesem persönlichen und individuellen Flair wenig entgegensetzen können – schon gar kein Herz.

Und so erlebt die Eckkneipe ein erstaunliches Comeback. Nicht als finstere Spelunke, sondern eher als eine Art offenes Wohnzimmer, in dem Gäste und Bedienung sich auf das Motto „leben und leben lassen" geeinigt haben. Wer seine Ruhe will, bekommt sie. Wer Gesellschaft wünscht, wird garantiert fündig.

Bestes Beispiel: Manuela Bergners „Manufaktur" in Eppendorf. „Früher", so erinnert sie sich, „da sah das hier auch ziemlich düster aus." Sie hat das Lokal deshalb nach ihrer Übernahme nicht nur als Premiere-Sportsbar etabliert, sondern ihm in einer Hauruckaktion auch gleich eine Frischzellenkur verpasst. Die alten Möbel flogen raus, an die Wände kamen frische Farben, und die vergilbten Bilder wurden durch neue ersetzt.

So präsentiert sich die „Manufaktur" heute hell und zeitgemäß. „Mein Ziel war, mehr Frauen als Gäste zu gewinnen." Das ist gelungen – und zwar nicht nur, weil die Chefin verstärkt auf Sauberkeit und Freundlichkeit achtet, sondern auch, weil sie ihren männlichen Stammgästen resolut die ewig gleichen dummen Sprüche ausgetrieben hat.

Die Getränkekarte schafft locker den Eckkneipen-Standard, das Angebot an Essbarem geht deutlich darüber hinaus. Wer morgens in Ruhe in den Tag starten möchte, kann sich seine Frühstückszutaten ab acht Uhr auf dem XXL-Wunschzettel selbst zusammenstellen.

Später gibt's Handfestes: Pfannengerichte, Toasts, Salate, Suppen und vor allem eine große Auswahl an Croques. Und das alles zu äußerst anständigen Preisen. Auch die feiern in den Eckkneipen von heute nämlich ihr Comeback.

Manufaktur
Inhaberin: Manuela Bergner
Eppendorfer Weg 231
20251 Hamburg
Telefon: 0 40/460 705 60
Telefax: 0 40/460 705 60

Hadley's Eimsbüttel

An der Bar haben Mütter ihre Kinderwagen geparkt und Cappuccino bestellt. Im Wintergarten hat sich ein älterer Herr niedergelassen und liest bei Kaffee und Mineralwasser intensiv in einem dicken Schmöker. Zwei Tische weiter planen ein paar Radiomacher ihre nächsten Sendungen. Und hinten in der Ecke turtelt – ohne auch nur einen Blick auf den blühenden Garten zu verschwenden – ein verliebtes Pärchen. „Wir sind cool, aber nicht unterkühlt, wir sind das klassische Café für den Alltag, aber auch für Filmpremieren und Hochzeitsfeiern", sagt Tina Heine. Gemeinsam mit Bodo Klemm betreibt sie in Eimsbüttel die nach Ernest Hemingways erster Ehefrau benannte Cafébar „Hadley's".

Der Standort verfügt über außergewöhnlichen Charme: Bis vor einigen Jahren war hier der Eingangsbereich eines Krankenhauses untergebracht. Genau dort, wo sich einst Schwestern, Ärzte und Patienten über den Weg liefen, finden sich heute tagsüber Liebhaber des gepflegten Kaffeegenusses und abends Freunde einer entspannten Barkultur ein. Erst gehen Wiener Mélange und Espresso über den Tresen, später Caipirinha, Grappa und ausgewählte Weine aus aller Herren Länder. Zweimal im Monat trägt live gespielter Jazz zur guten Stimmung bei. Diese ist sowieso zu jeder Tages- und Nachtzeit gelöst und unverkrampft. Natürlichkeit dominiert. „Niemand braucht sich hier künstlich zu verstellen", betont Tina Heine. Nahezu familiäres Flair entsteht dabei auch deshalb, weil ein großer Teil der Service-Crew dem „Hadley's" bereits seit Jahren die Treue hält. Immer und überall trifft man schon nach wenigen Visiten auf gute Bekannte – sowohl vor als auch hinter der Theke.

Fünf Frühstücksofferten und eine Vielzahl kleiner Speisen haben sich als Medikamente gegen plötzliche Hungerattacken bestens bewährt. Besonders oft stehen die Kichererbsensuppe mit Koriander und Quiche mit Spinat auf dem Rezeptblock. Der Sonntag ist seit langem der Tag des Abendbrots. Im Wintergarten ist die große Tafel gedeckt. Brot, Schinken, Käse, Eier und all die anderen Delikatessen für eine Mahlzeit wie daheim bei Muttern liegen bereit. Punkt 19 Uhr wünscht man sich „guten Appetit". Und am Ende des Abends wird nicht nur das Brot über den Tisch gereicht, sondern ganz sicher auch die eine oder andere Telefonnummer und Visitenkarte.

Hadley's
Inhaber: Tina Heine und Bodo Klemm
Beim Schlump 84 a
20144 Hamburg
Telefon: 0 40/450 50 75

Café Veloso Altstadt

Glückliches Portugal. Für ein Tässchen Kaffee zwischendurch, so scheint es, hat man hier immer Zeit. Der Espresso heißt je nach Landstrich „bica" (in Lissabon), „simbalino" (in Porto) oder „cafezinho". Wer einen Milchkaffee im Glas wünscht, bestellt einen „galão". Und immer ein „pastel de nata" dazu, darin sind sich die Portugiesen einig.

Zwischen Trás-Os-Montes und der Algarve liebt man es zu den schwarzen Muntermachern vor allem süß und mächtig schwer. Deshalb haben die mit Sahnecreme, Pudding oder Quark gefüllten Blätterteigtörtchen auch nichts mit jenen kleinen Keksen gemein, die in hiesigen Breiten gewöhnlich zum Kaffee gereicht werden. Im Gegenteil: Sie sind wahre Kalorienbomben und der ganze Stolz der Konditoren. Jede Pastelaria verfügt über ihr eigenes Rezept, nach dem sie ihre Pasteten fertigt. In welchem Mischungsverhältnis Eier und Zucker, Mandeln und Mehl zusammengerührt werden, bleibt indes ein Geheimnis.

Manuel Veloso hat die Konditorenkunst daheim in Braga gelernt. Seit zehn Jahren bringen seine süßen Sünden die Geschmacksnerven der Hamburger zum Tanzen. Das Geheimnis perfekter „pastel de nata", so verrät er, liege im handgemachten Blätterteig. Törtchen für Törtchen wird manuell und ohne jede maschinelle Hilfe geformt. Richtig knackig müssen sie von außen sein und die Füllung schön weich und leicht. Aber die Arbeit lohnt sich. Schon ein erster, vorsichtiger Biss lässt keinen anderen Schluss zu: Veloso ist ein Meister seines Fachs. Einen besseren Botschafter der portugiesischen Konditoren-Gilde kann man sich nicht vorstellen. Das wissen inzwischen auch Café-Betreiber in Bremen, Hannover und Berlin. Regelmäßig lässt sie Veloso mit seinen Leckereien beliefern.

Aber der Portugiese backt nicht nur in fremdem Auftrag. Bereits 1995 eröffnete er mit seiner Frau Maria Alice in der Ditmar-Köll-Straße seine erste eigene Pastelaria. Inzwischen sind weitere vier dazugekommen. Neben Spezialitäten wie Coco, Nozes, Laranja und Caramujo Choco gehen in den Stehcafés vor allem landestypische Brötchen, Croissants und Brote über den Tresen. Wer bislang nur Brötchen aus deutschen Bäckereien kennt, zeigt sich in der Regel überrascht: Die portugiesischen sind um einiges größer, weicher und luftiger. „Paezinhos de leite" etwa sind leckere Milchsemmeln. Auch die Croissants („Coroassas") lassen sich kaum mit jenen aus Frankreich vergleichen, da sie nicht aus Blätter- sondern aus Brioschteig gefertigt werden. Beim Brot hat man die Wahl zwischen Weizenbrot und schwerem, feuchtem Maisbrot („Pão de Milho").

Kompromisslos geben sich Maria Alice und Manuel Veloso auch beim Kaffee. Hergestellt aus gewissenhaft ausgesuchten Bohnen und traditionell mit Holz geröstet, wird er direkt aus der Heimat bezogen. Bica, galão und Co. sollen im deutschen Norden genauso gut und ursprünglich schmecken wie im Südwesten Europas. Schließlich haben die Portugiesen einen Ruf zu verteidigen: Gemeinsam mit den Finnen gelten sie als eifrigste Kaffeetrinker des Kontinents.

Café Veloso
Inhaber: Maria Alice & Manuel Veloso
Amsinckstraße 20
20259 Hamburg
Telefon: 0 40/689 922 63
Telefax: 0 40/689 922 63

Café Rado Altona

Aperitivo, ein Moment, in dem sich die unbeschwerte Entspanntheit Italiens widerspiegelt. Ein Augenblick, der die Lust am Leben symbolisiert und den leichtfüßigen Genuss als Teil von gehobener Lebensqualität betrachtet. „In Deutschland gewinnt diese Art, den Alltag etwas relaxter zu nehmen, immer mehr Anhänger", sagt Rado Sulik vom „Café Rado" am Fischmarkt. Bei Cocktails, Longdrinks und kleinen Leckerbissen markiert der Aperitivo den Übergang zwischen Tag und Abend, zwischen Pflicht und Kür, zwischen Last und Lust. Der Teller mit Mailänder Schinken oder Paprikasalami, Parmesan oder Pecorino, Kapern oder Oliven wird kostenlos zum Drink an den Tisch geliefert.
Tagesbeginn ist in Rados Café indes schon viel eher. An den sommerlichen Fischmarkt-Sonntagen öffnen sich die Türen bereits um 6.30 Uhr, sonst um 8 Uhr. Kehren morgens vor allem Touristen auf einen Kaffee ein, kommen später auch die Hamburger. Ihnen allen unterbreitet Rado tagtäglich ein ganz besonderes Angebot: Cappuccino, Parmaschinken, Rührei und Brötchen garantieren das „kleine Frühglück", zusätzlich gereichte Delikatessen wie Käse, Schinken, Salami und Obst sogar das große. So stellt man sich einen gelungenen Start in den Tag vor. Diese besondere Art der Kaffeehauskultur vertritt der Slowake, der lange Jahre seines beruflichen Vorlebens in Österreich und Italien verbrachte, seit 1993 in Hamburg.
Auch satt kann man im „Café Rado" werden. Auf die morgendlichen Croissants, Brötchen und Panini folgen zwei täglich wechselnde Warmspeisen. In der offenen Küche wird viel mit hochwertigem Olivenöl und frischem Gemüse zubereitet. Eines der beiden Gerichte ist stets auf die Bedürfnisse von Vegetariern ausgerichtet. Und natürlich gibt es besonders häufig feinste Fischspezialitäten, Dorade etwa oder Seeteufel. „Wir sind kein Restaurant, aber in der Bistroklasse spielen wir sicherlich in der oberen Liga", versichert Rado Sulik. Vor allem kann er im Kampf mit den umliegenden Edelgastronomen mit unaufdringlichem Charme und einem beeindruckenden Blick auf die Elbe punkten. Bei einem guten Glas italienischem Rotwein (den er übrigens auch zum Mitnehmen anbietet) oder einem spritzigen Cocktail kommen schnell Gefühle von Sehnsucht und Fernweh auf. „Ich liebe den Hafen und das Meer", sagt der Slowake. Über einen anderen Standort für sein Café möchte er deshalb erst gar nicht nachdenken. „Das ist ideal hier."
Dass Stillstand Rückschritt provoziert, weiß Rado Sulik allerdings zu gut. So lässt er sich immer wieder Neuerungen für sein Lokal einfallen. Auf „Golfen und Schlemmen" und „Jam after Funk", die vom Label „Kingdom of Music" organisierte Afrobeat-Session mit befreundeten Musikern, folgt jetzt „Saxo & Pasta". Essen mit Musik. Live und lecker. Und während der Sommermonate wird der Grill zum Barbecue vor die Tür gestellt. Jeder Gast soll spüren: Wer Rado in seinem Café die Aufwartung macht, wird wie ein guter Freund behandelt. Zum Aperitivo, aber auch zu jeder anderen Tages- oder Nachtzeit.

Café Rado
Inhaber: Rado Sulik
Große Elbstraße 38
22767 Hamburg
Telefon: 0 40/401 322 97

Savory Harvestehude

Florian Plinz lacht: „Man spricht es französisch aus." Wie „savoir vivre". Und tatsächlich: Der legeren Art der Grande Nation, die Dinge leicht zu nehmen und den Genuss in den Vordergrund zu rücken, kann er eine Menge abgewinnen. Der Name „Savory" ist also kein Zufall? „Nicht ganz", sagt Plinz, „es klingt gut und drückt ein mir sehr sympathisches Lebensgefühl aus". Und ganz nebenbei hat „savory" in diversen Sprachen eine passende Bedeutung. Von „lecker" bis „wohlschmeckend" fügt sich die Übersetzung gut in das Konzept ein. Zwölf Jahre haben Florian und Gundula Plinz in der Werbebranche gearbeitet – da ist klar, dass das Paar sein erstes gemeinsames gastronomisches Objekt nicht botschaftsfrei benennen würde. Genau genommen sind es gleich zwei Lokale gleichen Namens: das „Savory" an der Hochallee und das ein klein wenig ältere Schwestercafé in der Winterhuder Dorotheenstraße.

„Bevor wir eröffnet haben, sind wir durch die wichtigsten europäischen Metropolen gejettet, um uns inspirieren zu lassen", erinnert sich Florian Plinz. Das Ergebnis des Café-Hoppings ist in beiden Häusern ein eleganter, großstädtischer Schick, der einhergeht mit dem Verzicht auf alle Schnörkel und Folklore. Angenehm warme Braun- und Beigetöne bestimmen das Bild – „sie sollen die Farben des Milchcafés widerspiegeln". In diesem Ambiente kann man sich heimisch fühlen. „Manche Gäste bleiben deshalb drei bis vier Stunden bei uns sitzen, besonders in der Dorotheenstraße", verrät der Inhaber. Erst wird gefrühstückt und die Morgenzeitung studiert, dann kommt noch eine Freundin zum Plausch und zum Kaffee vorbei. So vergeht die Zeit. Savoir vivre eben.

Wer über Mittag bleibt, findet das Angebot des Tages auf der großen Tafel neben der Theke notiert. Man protzt hier nicht mit einer unübersichtlichen Vielzahl an Gerichten, sondern konzentriert sich lieber auf ein kleines aber feines Angebot. Der Hausherr empfiehlt beispielsweise warmen Ziegenkäse mit selbst gekochtem Rhabarberchutney: „Ein Gedicht!". Eine gute Wahl sind auch die täglich wechselnden Suppen, viele nach Omas Rezeptsammlung gekocht. Dazu liefern die „Savory"-Köche stets ein kleines Extra, dass dem Ganzen den speziellen Kick gibt, etwa Radieschensprossen zum Steckrübensüppchen.

Gundula und Florian Plinz lassen es sich nur selten nehmen, ihre Gäste persönlich zu bedienen. „Ich liebe es, mich mit dem Tablett durch das volle Lokale kämpfen zu müssen", sagt er. Auf den Kontakt zu den Besuchern möchten beide keinesfalls verzichten. „Mit den Leuten ins Gespräch zu kommen, etwas von ihnen zu erfahren, das ist für mich der Reiz an der ganzen Sache", meint Gundula Plinz. Wenn die Nachbarn auf einen „Café Savory Speciale" oder ein Glas spanischen Rotwein vorbeischauen, ihre Kinder mitbringen und der Briefbote eine Sendung für die Dame von nebenan im Café hinterlegt, dann freut ihn das. Cafés sind in den Augen von Gundula und Florian Plinz die idealen Treffpunkte und Kommunikationszentren. „In der Werbung hätten wir es uns manchmal gewünscht, so nah an die Leute heranzukommen." Vielleicht sollten die Werber einfach wieder öfter ins Café gehen. Dann verstünden sie mehr vom Leben. Und von der Kunst, es zu leben.

Savory
Dorotheenstraße 174
22299 Hamburg
Telefon: 0 40/413 034 05
Telefax: 0 40/413 034 06

Savory
Hochallee 127
20149 Hamburg
0 40/467 773 45
0 40/467 774 48

Knuth Ottensen

Dort, wo noch vor Jahren Heizungsrohre zugeschnitten wurden, fließt heute der Espresso aus der Maschine. Und wo einst Waschbecken und Spülen im Angebot waren, kommen jetzt Suppen und Salate auf den Tisch. Einar Möller und Axel Bode haben 2002 im Schatten des Ottenser Einkaufszentrums Mercado eine ehemalige Klempnerei übernommen und zu einem höchst lebendigen Eckcafé umgerüstet.

Allzu viel erinnert zwar nicht mehr an die goldenen Tage des Handwerks, doch ganz hat man sich von der Vergangenheit nicht lösen mögen: So geht der Name „Knuth" ebenso auf den alten Betrieb zurück wie der geschwungene Schriftzug über der Eingangstür. „Er passt perfekt in den modernen Retrostil", meint Inhaber Bode, „und bei der Möblierung haben wir auf einen eher schlichten Schick Wert gelegt." – Puristisch bis ins letzte Detail. „Unser Geschmack deckt sich da mit den Ansprüchen unserer Gäste", stellt er erfreut fest. Was in der Konsequenz bedeutet: „Wir sind selbst sehr gerne hier." Und stehen natürlich hinter dem Tresen.

Das quirlige Ottensen halten die beiden Betreiber für den idealen Standort ihres Traumlokals. Hier geht es lebendig zu, hier treffen die verschiedensten Menschentypen aufeinander, hier herrscht rund um die Uhr jede Menge Kommunikationsbedarf. Das „Knuth" ist deshalb viel mehr als nur ein Szenetreff. Es ist eine Art gastronomisches perpetuum mobile: mal Frühstückscafé oder Bierlokal, mal Weinstube oder Restaurant und abends Bar. Bode und Möller verstehen es als „Marktplatz, auf dem immer irgendetwas passiert und wo nicht nur junge Leute" zusammenkommen, um miteinander Ideen und Gedanken auszutauschen.

Schon morgens zur Frühstücksstunde ist das Lokal gut besucht – und dabei wird nicht nur nach Brötchen, Aufschnitt und Marmelade verlangt. Im Anschluss kümmert sich die Küchencrew um Warmes für die Mittagszeit. Häufiger als in anderen Lokalen gibt's Vegetarisches, dazu Leckeres wie Toasts, Sandwichs oder Lasagne. Hoch im Kurs stehen darüber hinaus die „Knuth"-Suppen. Von exotischen Heißmachern wie dem nach Originalrezept zusammengebrauten „Chicken-Curry-Madras" bis hin zur gediegenen Hausmannskost à la Erbsen- und Kartoffelsuppe reicht die Palette.

Mit den Essenszeiten ist man im „Knuth" äußerst großzügig. Wer etwa am Nachmittag noch frühstücken möchte, kann bis 15 Uhr aus sieben schmackhaften Varianten auswählen. Am Nachbartisch mundet derweil bereits frisch gebackener Biokuchen. „Das ist hier eine eher bunte Gegend", meinen Axel Bode und Einar Möller, „da wollen wir nicht zu viele Vorgaben machen." Im Gegenteil: Eine „Auszeit vom Tag" möchten sie ihren Gästen gönnen – zu jeder Tages- und Nachtzeit.

Knuth
Inhaber: Axel Bode & Einar Möller
Große Rainstraße 21
22765 Hamburg
Telefon: 0 40/460 087 08

The Bedford Café St. Pauli

An Platz herrscht kein Mangel auf der großen Schanzenviertel-Piazza am Schulterblatt. Kaum erreichen die Außentemperaturen zweistellige Gradzahlen, zieht hier richtig Leben ein. „Wir haben unsere Bänke und Tische gerade erst auf die Terrasse gestellt, da sind die meisten schon besetzt“, freut sich Marc Pagel, gemeinsam mit Gerrit Lerch Betreiber des „Bedford Cafés“ direkt an der Piazza. Das erste Bier des Tages wird prompt serviert, dazu Frühstück in allen Preislagen und bis 17 Uhr.

Mittags erweisen sich die „Vollblutgastronomen“ Pagel und Lerch als Freunde der bodenständigen deutschen Küche. Da mag es in der Nachbarschaft noch so sehr nach portugiesischen, spanischen oder italienischen Leckereien duften – bei ihnen kommt ausschließlich klassische Hausmannskost auf den Tisch. Salate, Suppen und Eintöpfe sowieso, aber auch Grünkohl und Gulasch, Königsberger Klopse und Kohlroulade. Besonders beliebt – und das nicht nur als Reminiszenz an die eigene Jugendzeit – sind Fischstäbchen mit Kartoffelbrei. Erfreulich: Beim Bezahlen stellt jeder Gast schnell fest, dass die großen Scheine im Portemonnaie bleiben können. „Das ist hier definitiv kein Ort für Mondpreise“, stellt Marc Pagel klar. Ein paar Schritte weiter übrigens auch nicht: Dort hat er mit seinem Partner die angesagte Wurst- und Schnitzelbraterei „Schmitt“ auf Vordermann gebracht.

Pünktlich um 17 (im Winter) bzw. um 18 Uhr (im Sommer) ist in der Bedford-Küche allerdings Schicht im Schacht. Dann geht kein Essen mehr raus. Stattdessen verwandelt sich das Speiselokal mit Bierausschank langsam aber sicher in eine gepflegte Abendbar. Da lohnt ein Blick auf die Getränkekarte, die so manche Überraschung offenbart. Rekordverdächtig und eine Freude für jeden Kenner ist etwa das Sortiment an Malt Whiskys. Egal ob zehn Jahre alter Glenmorangie, Dalwhinnie aus der höchstgelegenen schottischen Brennerei oder „Glenrothes Vintage 1982“ – kein Wunsch bleibt unerfüllt. Dass das „Bedford Café“ am Wochenende zu den beliebtesten Stationen beim legendären Bar-Hopping durchs Viertel zählt, kann angesichts des umfangreichen Angebots niemanden mehr in Erstaunen versetzen.

In der Schanze kennt man zwar kein schlechtes Wetter, doch wenn's auf den Winter zugeht, ist der Bedford-Kamin eine schöne Alternative zur Terrasse. Sobald das Feuer darin lodert, scheint's, als dauere die Nacht gleich ein paar Stunden länger. Und wenn zum Wochenende dann noch der hauseigene DJ mit lässig in Ohr und Beine gehendem Dancefloor-Jazz und nostalgischem Sixties-Soul in die musikalische Trickkiste greift, geht's im „Bedford Café“ richtig hoch her.

The Bedford Café
Inhaber: Marc Pagel & Gerrit Lerch
Schulterblatt 72
20357 Hamburg
Telefon: 0 40/431 884 32

Café Canale Winterhude

Wackelige Stege, an denen Kanuten und Ruderer anlegen können um sich zu stärken, gibt es viele an Hamburgs Fleeten und Kanälen. Eine Kaffee- und Snackbar für Wassersportler hingegen ist einzigartig. Für Paddler eine einfache Sache: am Seil festhalten, Klingelknopf drücken, Bestellung aufgeben, abwarten. Kaffee und Kuchen werden am Mühlenkampkanal direkt zur Zwischenmahlzeit an Bord serviert. „Jedes Jahr zu Ostern startet die Saison", weiß Monika Deichmann. Sie hat das „Café Canale" am Poelchaukamp Mitte der Neunziger Jahre eröffnet – zu einer Zeit, als Winterhude gastronomisch chronisch unterversorgt war. „Ich bin in diesem Stadtteil aufgewachsen", erinnert sich die Chefin an die Anfangstage, „aber hier war damals gar nichts". Das hat sich geändert, aber das verwinkelte und mit hellem Holzmobiliar und Rattansesseln charmant ausgestattete Café zählt trotz aller Neuankömmlinge weiter zu den besten Adressen des Quartiers.

Zu ihrer Idee ließ sich Monika Deichmann in Italien inspirieren: Espresso- und andere Kaffeespezialitäten kombiniert mit leckerem deutschen Kuchen vom Blech. In der Vitrine tummelt sich die süße Ware, belegt mit Erdbeeren, Kirschen, Rhabarber, Pflaumen und allem anderen, was der Obstkorb bereithält. Ebenfalls eine Versuchung wert sind die hausgemachten Pfannkuchen. Darüber hinaus, so die Inhaberin, sei man nach der Eröffnung schnell zu einem „Frühstückslokal von Rang" avanciert. Im idyllischen, sonnendurchfluteten Wintergarten schmecken die knackigen Brötchen und selbst gekochten Marmeladen den Gästen besonders gut. Doch nicht nur in der Backstube, sondern auch in der Küche herrscht Hochbetrieb. Mittags ist Zeit für Suppen, Gratins und schmackhafte Hausmannskost à la Eier in Senfsoße.

Besucher, die die kleine Treppe zum Café-Eingang hinabsteigen, können sich auf zwei Dinge verlassen: Zum einen bekommen sie erstklassige Leckereien angeboten, zum anderen tanken sie in einer entspannten und gepflegten Atmosphäre neue Kraft. Das „Café Canale" ist nicht nur etwas für die kurzen italienischen Momente im Leben, sondern bietet auch Raum und Platz für ein längeres Verweilen.

Café Canale
Inhaberin: Monika Deichmann
Poelchaukamp 7
22301 Hamburg
Telefon: 0 40/270 01 01

CANALE
CAFE·
BAR

Nettes für Gourmets

Dort, wo die Köche ihre Einkäufe tätigen, da kann man sich darauf verlassen: An der Qualität der ausgestellten Waren gibt es nichts auszusetzen. Man trifft sie wirklich noch, jene Küchenchefs, die schon am frühen Morgen über den Markt schlendern, nach frischen Pilzen Ausschau halten, den Spargel begutachten, am Fischstand ein Schwätzchen mit der Verkäuferin halten und sich vom prallen Angebot der Händler inspirieren lassen. Zugegeben: Sie haben sich ein bisschen rar gemacht. Für alles und jedes werden heutzutage Fachhändler beauftragt, ihre Ware direkt ins Kühlhaus zu liefern. Doch die wirklich guten Köche verzichten höchst ungern auf ihren Einkaufsbummel.

Hamburg gilt als Europas Hauptstadt der Wochenmärkte. Mehr als hier gibt es nirgendwo. Das Schmuckstück ist der Isemarkt, der sich an der Grenze zwische Havestehude und Eppendorf unter dem Hochbahnviadukt erstreckt. Hobbyköche bekommen hier alles, was ihr Rezeptbuch begehrt – vieles aus der Region, manches aus der weiten Welt der Delikatessen. Thomas Breckle verkauft seinen Allgäuer Bergkäse, Familie Pingel Hamburger Speck, Trüffel und Lollis, Stefan Majohr Kartoffen. Jeden Dienstag, jeden Freitag. Schon als kleiner Knirps hat Majohr seinem Großvater auf dem Markt geholfen. Viele seiner Kunden kennt er aus dieser Zeit. Der Besuch des Isemarkts gleicht einem Ausflug in die goldenen Tage der Tante-Emma-Läden.

Stets ein Lächeln und einen guten Tipp hält Khatir Sayad bereit. Der Franzose führte in seiner Heimat einst selbst ein Restaurant, weiß also genau, was Profi- und Hobbyköche wünschen. Samstags, wenn an der Isestraße nichts los ist, steht Sayad mit seinen Delikatessen aus Frankreich am Winterhuder Goldbekufer und bringt Käse, Pasteten, Terrinen und Baguettes unter die Leute.

Die Wochenmärkte sind Spiegel der Regionen und der Jahreszeiten. Spargel etwa gibt es nur bis zum 24. Juni, Grünkohl ausschließlich während der Wintermonate. Händler, die zu früh im Jahr Erdbeeren anbieten, werden von den Kollegen schräg angesehen und von den Kunden gemieden. Der Markt verfügt durchaus über Selbstreinigungskräfte. Frische lautet das Zauberwort. Wer die vermissen lässt, hat einen ganz schweren Stand. Die Aussage „Frisch vom Markt" gilt schließlich als Prädikat und kommt einer Empfehlung gleich. Die Händler sind mehr als nur Verkäufer. Anders als die Weißkittel im Supermarkt wissen sie genau, was mit ihren Produkten los ist, woher sie kommen, was sich mit ihren machen lässt. Und ein bisschen Lebenshilfe ist immer drin, ein kleines Rezept sowieso. Schließlich kennen sich ja nicht alle mit den Köstlichkeiten aus, die ihnen hier präsentiert werden. Sellerie zum Beispiel, ein weitgehend unterschätztes Gemüse. Und viel zu gut, um nur klein geschnipselt in der Suppe zu landen. Stefan Majohr macht aus der Knolle ein leckeres Mus. Natürlich mit Kartoffeln.

Esszimmer Eimsbüttel

Schön, wenn man so etwas sagen kann: „Alles, wodurch sich das Esszimmer auszeichnet, ist die Quintessenz aus dem, was wir bislang beruflich getan haben.“ Gabriela Murphy und Jens Clausen – zuvor in führenden Funktionen in Restaurants, Bioläden und Betriebsbistros tätig – scheinen das große Los gezogen zu haben. In Eimsbüttel betreibt das Duo seit dem Dezember 2003 in einem kleinen Souterrain-Laden eines der bestausgestatteten Feinkostgeschäfte der Stadt. Elf lange Jahre stand das Lokal leer, heute beherbergt es ein wahres Eldorado für Genießer und Liebhaber raffinierter Küchenkünste. Und die Kunden sind damit ebenso zufrieden wie die Inhaber.

Der Streifzug durch die Regale gleicht einer kleinen Entdeckungsreise und versetzt nicht nur Gourmets in Verzückung: Clementinensenf findet sich neben Kürbiskernöl, die Sauce von gelben Tomaten neben ausgefallenen Risotto-Mischungen, Limonenpesto und Sirup aus Morteau. Hausgemachte Marmeladen (Apfelgelee mit Möhrenstreifen!) und Honig gehören ebenso zum Angebot wie eine große Auswahl an Tee und Kaffee, Aperitifs und Digestifs, Gewürzen und Ölen. Murphy und Clausen beziehen ihre Waren von traditionellen Erzeugern und in jahrelanger Zusammenarbeit bewährten Lieferanten. Essig kommt etwa vom Doktorenhof in der Pfalz, die quietschbunten Limonaden werden aus England und Frankreich importiert, die mit Geschmacksrichtungen wie „Tannenschoss“ überraschenden Latwerge-Sirupaufstriche aus Gabriela Murphys Schweizer Heimat.

„Um sich als Feinkostspezialist zu etablieren und dauerhaftes Vertrauen aufzubauen, braucht es Jahre“, verrät Jens Clausen. Deshalb legen die beiden Inhaber höchsten Wert auf erstklassige Qualität und eine individuelle Betreuung ihrer Kundschaft. „Wir führen sicherlich keine alltäglichen Produkte“, sagt Gabriela Murphy. Wer Gäste empfangen oder aus einem schlichten Abendessen ein feines Festmahl zaubern möchte, ist bei ihnen genau an der richtigen Adresse. Selbstverständlich stehen sie Kunden, die zusätzliche Inspiration benötigen, auf Wunsch mit Rat und Tat zur Verfügung. „Hinter vielen Produkten steht eine eigene Geschichte“, betont Murphy, „wie bei den exklusiven Gewürzmischungen von 1001 Gewürze“. Im Weinregal dominieren Tropfen aus Spanien, Frankreich und Italien. Ihre Qualität lässt sich gleich mehrmals im Jahr auf einer Degustation überprüfen. Wer mag, kann vor Ort auch bei anderen Köstlichkeiten die Geschmacksprobe machen oder von den angebotenen Spezialitäten naschen. Das im Bistrostil eingerichtete „Esszimmer“ ist nämlich – wie der Name schon sagt – ebenfalls ein Raum zum Speisen. Insgesamt fünf Frühstücksvarianten stehen auf der Karte. Zur großzügig bis 16 Uhr ausgedehnten Mittagszeit hält das Küchenteam eine breite Palette vorzüglicher, saisonal beeinflusster Gerichte bereit. Zudem lockt in der Kühltheke eine Vielzahl selbst gefertigter frischer Antipasti, etwa „Rotes Linsenpüree mit Kokosmilch und Ingwer“. Das macht – ein vom Inhaberduo durchaus erwünschter Nebeneffekt – Appetit auf mehr und besseres Essen auch zu anderen Gelegenheiten und Tageszeiten. Das bestens bestückte Sortiment jedenfalls gibt so manche kulinarische Überraschung her und sollte den wenig inspirierten Küchenalltag in den Hintergrund rücken lassen.

Esszimmer
Inhaber: Gabriela Murphy & Jens Clausen
Eppendorfer Weg 73
20259 Hamburg
Telefon: 0 40/890 069 00

Compagnie Coloniale Altstadt

Mit Tee kennt Udo Frobarth sich bestens aus. Seit 1979 ist er im Teehandel tätig. 1991 eröffnete er gemeinsam mit seiner Frau Nicole am Rande Hamburgs sein erstes Fachgeschäft im englischen Kolonialstil. Doch damit nicht genug: Sechs Jahre später wurde im Levantehaus ein zweiter Standort bezogen, der es spätestens seit dem Umbau 2004 gestattet, Tee und eine Vielzahl weiterer Spezialitäten im angemessenen Rahmen zu präsentieren.

Tee symbolisiert Kultur, Tradition und Lebensart. Die Philosophie „Comapgnie Coloniale" ist denkbar einfach: „Wir wollen dem Produkt Tee vollauf gerecht werden, das heißt ihn hochwertig und anspruchsvoll präsentieren", betont Nicole Frobarth. Das Sortiment umfasst deshalb eine Vielzahl erlesener Spezialitäten aus den namhaftesten Anbaugebieten. Zudem lässt Udo Frobarth gerne seine weltweiten Verbindungen spielen. So finden sich in den Regalen auch ausgewiesene Raritäten, von denen nur wenige Kilogramm im Jahr geerntet werden. Aromatisierte Schwarztees, Grüntees und Früchtetee-Mischungen komplettieren das sorgfältig und kenntnisreich zusammengestellte Sortiment. Großer Beliebtheit erfreuen sich darüber hinaus „Bouquet Royal" und „Salz und Pfeffer", die vom Hausherrn persönlich kreierten Mischungen.

Aber der Besuch des mit dem Mobiliar einer früheren Wandsbeker Drogerie aus dem Jahr 1906 ausgestatteten Geschäfts in der Mönckebergstraße bietet noch wesentlich mehr. Schnell entwickelt er sich zu einer kleinen Entdeckungsreise durch die bunte Welt der schönen Dinge. Auge und Geruchssinn finden gleichermaßen Gefallen an dem harmonisch aufeinander abgestimmten Angebot. Neben Tee und den dazu gehörigen Accessoires begeistern auch 20 handwerklich geröstete Plantagen-Kaffees, feinste Kakao-Mischungen, rund 40 Gewürze und Feinkostdelikatessen die Kunden. Trockenobst und ausgefallene Nuss-Spezialitäten finden sich hier ebenso wie belgische Schokoladentafeln, Marzipan aus Bremen und Süßwaren wie Bonbons, Lakritz und Gebäck. Zudem können die Kunden sich an feinem Porzellan, Silberartikeln und allerlei Dingen „rund um den gedeckten Tisch" erfreuen. „Wir garantieren, dass es sich immer um erstklassige Qualität handelt", unterstreicht Nicole Frobarth.

Viel Lob erfährt die Compagnie-Chefin für die individuelle Handschrift des Unternehmens. Trend und Tradition sind hier geschickt miteinander kombiniert. Zudem legt man großen Wert auf die service-orientierte Bedienung. Jeder Kunde wird mit seinen Wünschen ernstgenommen und freundlich und kompetent beraten. Die Liebe zum Detail zeigt sich daneben bei den Verpackungen, bei denen Nicole Frobarth mit ihrem Team einen ganz eigenen Stil entwickelt hat.

PUNSCH À LA COMPAGNIE COLONIALE

Zutaten

100 ml Wasser
2 TL Ostfriesische Goldblattmischung
400 ml roter Traubensaft
400 ml Orangensaft
75 gr brauner Kandis
1 Päckchen Dr. Oetker Bourbon Vanillezucker
1 gestrichener TL gemahlener Zimt
1 Messerspitze gemahlene Gewürznelken

Zubereitung

Das Wasser zum Kochen bringen. Den Tee mit dem heißen Wasser übergießen und drei Minuten ziehen lassen. Trauben- und Orangensaft sowie den Kandis in einem Topf aufkochen, Tee hinzufügen. Bourbon Vanillezucker und Gewürze unterrühren. Den Punsch heiß in hitzebeständigen Gläsern servieren. Wer mag, kann auch zwei Esslöffel Rum unter den Pusch rühren.

Compagnie Coloniale GmbH & Co. KG
Geschäftsführer: Nicole & Udo Frobarth
Mönckebergstraße 7 (Levantehaus)
20095 Hamburg
Telefon: 0 40/325 265 15
Telefax: 0 40/325 265 13

Tide Ottensen

Mit der Kombination aus Feinkostgeschäft und Treibgutgalerie hat sich Frank Walbeck einen lang gehegten Traum erfüllt: „Ich bin für mein Leben gerne am Meer und schaue mir die Dinge an, die dort angeschwemmt werden.“ Schwere Bohlen hat er bereits nach Hause getragen, ebenso wie Bruchholz. Die Natur hat sich als Künstler betätigt. So wurden etwa Bohlen zu Bücherregalen, Wurzeln zu Kunstobjekten. Dazwischen finden sich kleine skurrile Liebenswürdigkeiten wie Filzwärmflaschen in Form einer Scholle, ein paar Bücher, die sich mit dem Geschehen im und am Meer beschäftigen, und äußerst geschmackvolle Windlichter in kleinen, mit Fotografien verzierten Weckgläsern.

Denen wird auch in der Küche zu einem neuen Leben verholfen. Das Einwecken sei leider völlig aus der Mode gekommen, bedauert Frank Walbeck. Dabei biete es „so viele ungeahnte Möglichkeiten“, Speisen ohne jede Art von Zusätzen zu konservieren. Der studierte Innenarchitekt hat die Tradition in seiner Zeit als Koch in angesehenen Hamburger Restaurants wiederentdeckt. Seine Gläschen enthalten ausschließlich Selbstgemachtes: phantasievolle Chutneys, leckere Dessertsaucen, nach Großmutters Art eingemachte Äpfel in Fliederbeer oder bissfeste Möhren in Süßsauer.

Damit nicht genug. Als guter Gastgeber tischt Frank Walbeck seinen Besuchern gerne auch Kaffee und Kuchen auf – in beinahe privater Atmosphäre. Sein pittoreskes Ladencafé in Ottensen ermöglicht den Rückzug zu Ruhe und Müßiggang, lädt zu intensiven Gesprächen und langen Lesestunden ein. Wer mag, kann es sich auf den Kissen im Schaufenster gemütlich machen oder sich ins Hinterzimmer begeben. Und dass der Herr des Hauses gelegentlich in der Küche verschwindet, sollte niemand daran hindern, ihn anzusprechen. Schließlich, so räumt er ein, habe er sich immer gewünscht, „mit den Leuten zu reden, während ich die Kräuter fürs Pesto schneide“. Für Walbeck symbolisiert genau diese Möglichkeit das nötige Quäntchen Plus an Lebensqualität. Und Gäste, die diese Sicht der Dinge teilen, sind ihm die liebsten.

Tide – Treibholz & Feinkost
Inhaber: Frank Walbeck
Rothestraße 53
22765 Hamburg
Telefon: 0 40/411 114 99

Bioladen Manna Eimsbüttel

Geschmack entscheidet. Um den Unterschied zwischen biologisch und konventionell angebauten Lebensmitteln zu verdeutlichen, empfiehlt Elfi Mieth eine simple Kostprobe: „Beißen Sie mal in eine Möhre!“ Frisches Gemüse und Obst stelle für Bio-Neulinge den idealen Einstieg dar, versichert sie. „Das schmeckt einfach besser und natürlicher.“ Die Hamburgerin kennt sich im ökologischen Lebensmittelhandel bestens aus. Die Jahre, als nur eine verschwindend kleine Minderheit in Naturkostläden einkaufte, hat sie ebenso erlebt wie den Boom nach der großen BSE-Krise. Inzwischen ist hochwertige Biokost längst als gesunde Alternative zu industriell gefertigten Lebensmitteln anerkannt – ohne ideologischen Ballast.

Im 1995 eröffneten Bioladen „Manna“ kaufen Studentinnen ebenso ein wie Manager oder Rentner. „Das sind ganz verschiedene Menschen, aber sie eint der Wunsch, ihren Körper nicht mit Giften zu belastenen.“ Alles eine Frage des Bewusstseins, nicht des Berufs oder des Alters. Die Kundschaft ist anspruchsvoll, legt großen Wert auf Qualität und will nach Möglichkeit genau wissen, wo und unter welchen Bedingungen die einzelnen Produkte angebaut und geerntet wurden. „Bei uns gibt's nur die reine Natur“, garantiert Geschäftsführerin Mieth.

„Manna“ versteht sich als Vollsortimenter und bietet neben Klassikern wie Obst, Gemüse und Käse auch eine breite Auswahl an Säften, Tiefkühlware und sogar Kosmetika an. Brot und Brötchen, Kuchen und Torten gibt es gleich nebenan im hauseigenen Bio-Backshop. Dort sitz man auf Barhockern an langen Holztheken und genehmigt sich die kleine Mahlzeit zwischendurch. Mittags kommen warme Suppe und zum Nachtisch klassischer Latte Macciato oder Ausgefallenes wie Dinkelespresso auf den Tisch. Avocadobrötchen oder Vollkornsandwich werden auf Wunsch frisch zubereitet. Beide Geschäfte sind hell, freundlich und zeitgemäß eingerichtet. Bio bedeutet ja nicht, dass man seine Waren nur auf provisorisch zusammengezimmerten Holzregalen oder in alten Pappkartons präsentieren darf. Wer will, bekommt für den Heimtransport des Einkaufs notfalls auch eine gänzlich unökologische Plastiktüte ausgehändigt. Entscheidend, das sieht Elfi Mieth ganz pragmatisch, seien immer die Wünsche der Kunden. „Wir freuen uns sehr, dass immer mehr Menschen es sich wert sind, hochwertige Lebensmittel zu kaufen und sich persönlich bedienen zu lassen.“

Bioladen Manna
Inhaberin: Manna GmbH
Osterstraße 83
20259 Hamburg
Telefon: 0 40/401 957 00
Telefax: 0 40/401 957 10

Bären-Treff Ottensen

Der Gummibär ist ein besonders treuer und geselliger Weggefährte. Kinder machen schon früh Bekanntschaft mit ihm und seinesgleichen, Jugendliche kauen cool auf ihm herum, auch Erwachsenen versüßt er gern das Leben. Ein echter Menschenfreund also. Aber was ist von „Rotem Weinlaub“ zu halten? Wie scharf sind „Red Hot Chili Peppers“? Und passen Karotte und Orange wirklich zusammen?
Es gibt vermutlich kaum jemanden, der solche Fragen besser beantworten könnte, als Bärenprofi Sven Fechner. Doch der macht nicht viele überflüssige Worte. Stattdessen reicht er mit der großen Holzzange eine Geschmacksprobe: „Testen Sie doch einfach.“ Gute Idee.
Bereits seit 1998 führt Fechner – „Ich bin selbst schon immer eine richtige Naschkatze gewesen!“ – den „Bären-Treff“ unweit des Bahnhofs Altona. Angefangen hat er mit rund 70 Sorten, inzwischen liegen Tüten mit mehr als 100 unterschiedlichen Fruchtgummimischungen in den Regalen. Süßes, Saures und Lakritz. Mit und ohne Farbstoff oder Zucker. Für Vegetarier, Diabetiker und Moslems. Die Bären sind für alle da.
Dass seine Kunden bei manch neuem Mix zunächst skeptisch dreinblicken, erstaunt Fechner schon lange nicht mehr. Er greift dann gerne zu seiner Zange und bittet zum Gummitest. Und der Mut, etwas Neues zu versuchen, lohnt sich immer wieder. Die Geschmacksnerven freuen sich schließlich über jede Abwechslung. Vollkommen unerwartet hätten sich zuletzt beispielsweise die „Fruit-Snäcks Erdbeer-Rhabarber“ zum Renner der Saison entwickelt. Auch Waldmeister- und Rote-Grütze-Bären laufen richtig gut.
Wetten auf die nächsten Verkaufsschlager will der Bärenchef indes nicht annehmen. „Die Geschmäcker ändern sich schnell“, verrät er. Plötzlich steht Koffein-Gummi hoch im Kurs, schon wenig später fragen die Kunden vermehrt nach Ingwer-Bärchen. Passend zur jeweiligen Jahreszeit finden sich süße Leckereien wie Valentinsherzen und Halloween-Skelette, Osterhasen, Glühweinsterne und sogar Weihnachtsmänner mit Himbeer- und Johannisbeergeschmack im Sortiment. „Das sind dann auch immer schöne Geschenke“, sagt Fechner. Natürlich gibt es darüber hinaus auch die bewährten Klassiker: die tropische Mischung etwa, englisches Weingummi oder die traditionellen Cola-Fläschchen. Die Wahl wird dadurch nicht leichter.
Doch gerade diese Vielfalt sorgt dafür, dass der Pro-Kopf-Verbrauch von Gummibonbons und Gelee-Erzeugnissen auf stolze 3,2 Kilogramm im Jahr gestiegen ist, wie der Bundesverband der Deutschen Süßwarenindustrie mitteilt. Sven Fechner weiß noch mehr über seine Stammkunden zu erzählen: „Erwachsene kaufen mehr als Kinder und Jugendliche, Frauen mehr als Männer.“ Und ältere Gummi-Freunde, so ergänzt er schmunzelnd, greifen gerne zu den frivolen Playboy- und Playgirl-Mischungen. Alles Geschmackssache.

Bären-Treff
Inhaber: Sven Fechner
Bahrenfelder Straße 113
22765 Hamburg
Telefon: 0 40/399 068 45
Telefax: 0 40/399 068 46

König & König Ottensen

Edle Schokolade ist ein Versprechen. Ein Gelübde auf die feine Lebensart, auf guten Geschmack und einen Moment des Innehaltens. Wenn zarter Schmelz auf der Zunge zergeht, scheint die Zeit für einen Moment stillzustehen. Für Christian König ist Schokolade noch mehr – das Bekenntnis zu Qualität und Klasse. Keine Frage also, dass er in seinem Delikatessengeschäft großen Chocolatiers wie Coppeneur, Klaus oder Caffarel viel Raum gönnt. „Bei ihnen weiß ich, dass nur die besten Grundstoffe und Zutaten verwendet werden", bekundet König. Die Bestückung des Sortiments betrachtet er als Chefsache: „Ich möchte meinen Kunden Vielfalt anbieten und ihnen zugleich neue Entdeckungen ermöglichen."

Das Schokoladen-Angebot ist ein Highlight bei „König & König", beileibe aber nicht das einzige des Feinkost-Spezialisten. Besonders Liebhaber der italienischen Küche kommen in der ehemaligen Glaserei in Ottensen auf ihre Kosten. Pasta und dazu passende Saucen vertreibt König unter eigenem Label, das feine Gebäck stammt von Marchi Vanda. Gut gefüllt ist zudem traditionell das Weinregal. Im Mittelpunkt stehen ausgesuchte Tropfen aus italienischen Anbaugebieten. Sie können an Ort und Stelle in entspannter Atmosphäre gekostet werden. Neueste Idee sind Weinlesungen, zu denen König seine Kunden gemeinsam mit befreundeten Verlagen einlädt.

„Mir ist es wichtig, dass hier kein Stillstand herrscht, sondern Leben in der Bude ist", betont der Inhaber. So versteht er es geschickt, Laden und Café zu einem stimmigen Miteinander zu kombinieren. Morgens zum Frühstück servieren seine Mitarbeiter eine Vielzahl aufwändig und schmackhaft belegter Brötchen aus dem hauseigenen Backofen. Mittags stehen hungrigen Gästen bis zu fünf Gerichte zur Auswahl. Wer dabei auf den Geschmack kommt, kann sich an der mit ausgesuchten Leckereien bestückten Antipasti-Theke bedienen und den Tag so mit erlesenen Speisen von „König & König" ausklingen lassen. Für ein feines Extra-Stückchen Schokolade wird der Appetit anschließend sicher noch reichen …

König & König
Inhaber: Christian König
Ottenser Hauptstraße 28
22765 Hamburg
Telefon: 0 40/413 588 77

Stüdemann's St. Pauli

Für Liebhaber süßer Sünden ist es das Paradies, für einige sogar „der schönste Laden der Welt". Angenehme Düfte umschmeicheln Nase und Seele. Dem Auge offenbart sich eine kaum fassbare Vielfalt von Leckereien, die den Gaumen erfreuen. Doch der wunderbar gemütliche Süßwaren-Spezialitätenhandel im Schanzenviertel, in dem seit Jahren Anneliese Schwanz, Jutta Franck, deren Schwester Dietlinde de Luise und Schwägerin Jutta Franck ihre Kunden glücklich machen, führt einen ganz irdischen Namen und erinnert damit an seinen Gründer: Karl Willy Stüdemann. Gemeinsam mit Anneliese Schwanz führte Jutta Franck nach dem Tod ihrer Eltern den 1953 aus der Taufe gehobenen Laden einige Meter vom ursprünglichen Standort entfernt weiter und lenkte ihn dabei geschickt durch all die turbulenten Jahre des Stadtteils. „Heute sind wir eines der wenigen verbliebenen Geschäfte aus jenen Tagen", sagt sie stolz. Allen modernen Trends haben sie sich vehement verweigert. Statt in Chrom- und Glasfächern liegen die süßen Köstlichkeiten in Holzregalen, die Keksdosen thronen auf alten Gebäckständern, Kerzen und Trinkbecher haben sich auf früheren Backtischen breitgemacht. Vergnüglich wandert der Blick durch die Reihen. In jeder Ecke dieser Oase des guten Geschmacks gibt es Besonderes zu entdecken: hier den hauseigenen Schanzensekt für Viertelpatrioten, dort die bunten Täfelchen edelster Schokolade. Da hinten mehr als 100 verschiedene Teesorten und daneben die alten Kaffeeschütten mit ihrem kostbaren Inhalt. Verlieren die Kunden da nicht den Überblick? „Dafür sind wir doch da", schmunzelt Anneliese Schwanz, die wie ihre Kolleginnen größten Wert auf fachkundige Beratung legt.
Sie selbst stand noch gemeinsam mit Karl Willy Stüdemann hinter der Verkaufstheke. Der war, so berichten die Damen übereinstimmend, „ein großer Schoko-Experte". Seinem Erbe fühlen sie sich verpflichtet – und freuen sich, dass die gute, erlesene Schokolade einen regelrechten Boom erlebt. „Unsere jungen Kunden sind interessiert und neugierig. Mit Genuss probieren sie ungewöhnliche Schoko-Variationen aus", hat Jutta Franck festgestellt. Schon erstaunlich, was die Regale alles bereithalten: Schokoladentafeln mit Peperoni, Käse oder Pfeffer, Trinkschokolade mit Chilli etwa. Ein reichhaltiges Trüffelsortiment liegt verführerisch in der Pralinentheke. Früher habe es nur Süßes gegeben, nun finden die herzhaften Sorten immer mehr Freunde. „Das ist doch wirklich spannend, wie sich die Geschmäcker ändern können."

Stüdemann's
Inhaberin: Karl Willy Stüdemann GmbH
Schulterblatt 59
20357 Hamburg
Telefon: 0 40/430 06 33
Telefax: 0 40/430 06 30

Dethlefsen & Balk Allermöhe

Über die Entdeckung von Tee gibt es viele Mutmaßungen. Eine der Legenden führt zurück ins dritte Jahrtausend vor Christi. In China regierte Kaiser Shen Nung, ein Sauberkeitsfanatiker. Er pflegte, damals sehr ungewöhnlich, sein Trinkwasser stets abzukochen. Eines Tages wehte ihm ein Windhauch einige Teeblätter in die Kessel mit dem kochenden Wasser. Es färbte sich golden, was zunächst unbemerkt blieb. Doch als der Regent davon probierte, entdeckte er eine Veränderung des Geschmacks. So wurde Tee zum typischen Getränk im Reich der Mitte und zum festen Bestandteil der fernöstlichen Lebenskunst.

Tee aus China übte auf Gustav C.H.J. Balck einen besonderen Reiz aus. Der Hamburger Kaufmann hatte im Jahr 1836 in seiner Heimatstadt einen Importhandel für „Allerlei Gewürze und Thee" gegründet und sich schon bald auf die Einfuhr aus Ostasien konzentriert. Sein kleines Geschäft in der Altstadt gilt heute als Keimzelle des Unternehmens „Dethlefsen & Balk". Durch seine mehr als 170-jährige Geschichte verfügt es über exzellente Kontakte zu vielen namhaften Tee-Plantagen in aller Welt und zu zahlreichen erfahrenen Manufakturen von Zubehör. Dies, so versichert Geschäftsführer Marcus Clausen, führe dazu, „dass Dethlefsen & Balk immer sehr nah am Marktgeschehen ist, und Entwicklungen rechtzeitig erkannt werden können".

Grundlage der Arbeit ist die Verbindung von Traditionen und Trends. „Dethlefsen & Balk" bietet dem Fachhandel ein Sortiment von über 400 Teesorten an. Aus den Bergprovinzen Zentral- und Südchinas und aus japanischen Anbaugebieten stammen etwa grüne Sorten wie „Chun Mee" oder „Gyokuro Asahi". Sie sind ebenso eine Rarität wie der halbfermentierte chinesische „Dragon Phoenix Pearl". Neben den klassischen aromatisierten Schwarz- und Grüntees umfasst das Sortiment auch eine Vielzahl an kreativen Mischungen wie den „Rotbusch Pfeffernuss-Orange", der durch die ungewöhnliche, üppige Dekoration schon beim Hinsehen Appetit auf mehr macht. Unter den Früchteteemischungen zählen „Palais Royal" und der klassische „Türkische Apfeltee" zu den Favoriten.

Mitte der siebziger Jahre erweiterte „Dethlefsen & Balk" sein Angebot um Teezubehör. Die Palette reicht vom Teesieb über den Samowar bis zu Teeservicen und Kandis, von Stövchen über Teebonbons bis zu Bechern und Schmuckdosen. Stolz verweist Geschäftsführer Clausen auf die Strategie, „Artikel mit Alleinstellungscharakter im Eigendesign zu kreieren". Im Jahr 2002 überraschte sein Unternehmen die Fachwelt mit der erstmaligen Vorstellung eines attraktiven Kaffee-Sortiments. Es umfasst inzwischen eine exzellente Auswahl hochwertiger sortenreiner Kaffees und Espressi. Ihren Charakter, so betont Clausen, prägt „die feine Auslese der Rohkaffees und die schonende Langzeitröstung". Dank all dieser Maßnahmen und Entwicklungen können sich die Nachfolger Gustav C.H.J. Balcks heute zu den wenigen am Markt erfolgreich operierenden Vollsortimentern rechnen. Welche Fragen sich auch immer Tee- und Kaffee-Fachhändlern bei der Ausstattung ihrer Läden stellen, „Dethlefsen & Balk" dürfte die passende Antwort kennen.

Dethlefsen & Balk GmbH
Hermann-Wüsthof-Ring 16
21035 Hamburg
Telefon: 0 40/731 07 30
Telefax: 0 40/731 073 20

Oschätzchen Neustadt

Ysop? Nigella? Ajowan? In Deutschland sind diese Gewürze weitgehend unbekannt. Wer seine Speisen mit ihnen verfeinern will, muss lange suchen. Nur wenige Feinkosthändler bieten die exotischen Spezialitäten an. Dass Peter Oschätzchen dazu zählt, versteht sich von selbst. Der gebürtige Däne, der zu Beginn der neunziger Jahre nach Hamburg übersiedelte, stammt in vierter Generation aus einer Gewürzhändlerfamilie. Er nennt nicht nur ein geübtes Näschen für die unterschiedlichen Geschmacksnuancen sein Eigen, sondern hat auch bei der Wahl seiner Handelspartner ein geschicktes Händchen bewiesen.
Sein kleiner Delikatessenladen in der Nähe des Jungfernstiegs ermöglicht Besuchern deshalb einen Ausflug ins Schlaraffenland. Schön übersichtlich angeordnet stehen die Köstlichkeiten in den Holzregalen: sizilianisches Olivenöl, Ahornsirupzucker aus Kanada, Whiskey-Toffees aus Schottland, 25 Jahre gereifte Sojasauce aus Japan. Dazu Summerbird-Marzipan aus Dänemark, die französischen Grand Cru-Schokoladen des Chocolatiers Bonnat oder Fruchtpasteten der Pariser Firma Fauchon. Die Liste der Leckereien nimmt kein Ende. Und Peter Oschätzchen selbst bürgt für ihre Qualität. „Für die Marzipan-Spezialitäten und Pralinen", so betont er, „werden nur beste spanische Mandeln verwendet – der Geschmack ist einmalig, da der Zuckeranteil des Marzipans nur 25 Prozent beträgt". Die Hersteller legen größten Wert auf Tradition, lassen sich aber trotzdem immer wieder Innovationen einfallen, um ihre Kundschaft zu begeistern. Von besonderer Raffinesse sind etwa die weißen Schokoladensticks mit Whiskey, die sich in warmer Milch auflösen.
Peter Oschätzchen ist der Prototyp des neuen Feinkosthändlers, der beharrlich und kompromisslos auf Qualität setzt und seinen Kunden Zugang zu ihnen bis dahin unbekannten Geschmackswelten verschafft. Das Wissen über die Spezialitäten anderer Länder ist sprunghaft angestiegen, die Wege sind kürzer geworden. Der bewusste Genuss steht im Vordergrund. Dafür muss sich niemand mehr in die Gourmettempel von Paris, London oder Mailand begeben.

Aller Exklusivität zum Trotz hält Oschätzchen mit seinem Wissen und seinen Kenntnissen nicht hinterm Berg. Ratschläge, Rezepte oder eine kleine Führung entlang der Regale? Kein Problem. Selbstverständlich können die feinen Öle und Essige vor einem eventuellen Erwerb verkostet werden. Man legt größten Wert auf Service und versucht, jeden Einkauf zum Erlebnis zu machen. Das sinnliche Vergnügen, das die Kunden sich selbst oder ihren Liebsten gönnen möchten, beginnt schließlich schon im Laden. Es findet zu Hause vor allem dann seine Fortsetzung, wenn das Drumherum stimmt. Im Angebot findet sich deshalb auch eine Reihe erlesener Accessoires: Tischwäsche aus schwedischem Leinen, handgefertigtes Geschirr der kleinen französischen Manufaktur Astier de Vilatte aus Paris, handgemachte Messer von Berti aus Italien, mundgeblasene und handgeschliffene Rottergläser aus Lübeck.

Oschätzchen
Inhaber: Peter Oschätzchen
Hohe Bleichen 26
20354 Hamburg
Telefon: 0 40/350 047 80
Telefax: 0 40/350 047 81

Vitalien Winterhude

Sylvia Schwarzloh, Martin Willer und ihre stets in sonnengelben T-Shirts gekleideten Mitarbeiter sind Frühaufsteher. Schon morgens um 7 Uhr bedienen sie in ihrem Winterhuder Naturkostgeschäft die ersten Kunden – häufig Schüler oder Menschen, die sich auf dem Weg zur Arbeit mit leckeren Biobrötchen versorgen möchten. Gesund zu leben, nur hochwertige Lebensmittel zu verwenden und auf deren ökologische Herkunft zu achten, ist schließlich eine Lebenseinstellung, die sich nicht nach der Uhrzeit richtet.

Im Juni 2005 sind Schwarzloh und Willer umgezogen. Zwar ging es nur ins Nachbarhaus, doch sie wagten damit den großen Sprung – weg vom intimen 80-Quadratmeter-Lädchen hin zur viermal größeren, ausgewachsenen Naturkosthandlung mit eigenem Backshop, Obst- und Gemüsezone, Kosmetikabteilung und einer sechs Meter langen Bedientheke. Frischwaren wie Käse, Antipasti, Wurst und Fleisch werden hier besonders häufig nachgefragt. Ein befreundeter Konditor bringt sogar täglich neue Biotorten. Stolz sind die beiden „Vitalien"-Inhaber darüber hinaus auf ihr Wein- und Biersortiment. Auch hier gilt selbstverständlich: Alles Bio! „Mit unserem Angebot brauchen wir uns hinter keinem Spezialisten zu verstecken", sagt Martin Willer. Biertrinkern empfiehlt er etwa Pinkus aus Münster oder das Wikingerbier Aasgard aus Schleswig.

Die oberste Maxime im Hause „Vitalien" lautet Kundenfreundlichkeit. „Wir suchen ganz bewusst die Nähe zu allen Leuten, die den Laden betreten", betont Sylvia Schwarzloh. Der persönliche Kontakt macht den großen Unterschied zu Supermärkten und Discountern aus. Das zeigt sich in Details wie etwa den extrabreiten Gängen zwischen den Regalen: „Zu uns kommen viele Mütter mit Kinderwagen, die brauchen halt ein bisschen mehr Platz. Und man kann uns alles fragen und um Hilfe bitten." Kranken und behinderten Kunden wird der Einkauf nach vorheriger telefonischer Bestellung nach Hause geliefert. Eine kleine Speisekarte offeriert Suppen, Salate, Snacks und vegetarische Burger zum Verzehr direkt vor Ort – mittags, nicht morgens um 7.

Vitalien
Inhaber: Sylvia Schwarzloh & Martin Willer
Dorotheenstraße 180
22299 Hamburg
Telefon: 0 40/467 769 01
Telefax: 0 40/467 769 03

Der Kaufmannsladen Ottensen

Dragan Jankovecki ist ein ziemlich rastloser Zeitgenosse. Seit Jahren ist er Wochenende für Wochenende in ganz Norddeutschland unterwegs. Sein Ziel sind die großen Landmärkte und Gartenfeste, die vom Frühjahr an Naturliebhaber hinaus ins Grüne locken. Hier baut er regelmäßig seinen Verkaufsstand mit Kräutertees, Gewürzen, Trockenfrüchten und Geröstetem auf.

„Ich liebe den direkten Kontakt zu meinen Kunden", sagt Jankovecki. Natürlich dürfen sie schnuppern und probieren oder den gebürtigen Kroaten nach der Herkunft seiner Waren fragen. Viel gibt es an seinem Stand zu entdecken – selten verwendete Gewürze etwa wie Schabziger Klee, getrocknete Physalis, Papaya und Maulbeeren, selbst gemischten Erfrischungskräutertee oder seinen legendären Gute-Laune-Tee mit Lemongras, Rosenblüte, Orangenschale, Hagebutte und Pfefferminze.

Wenn Jankovecki nicht gerade auf Tour ist, bietet er den bunten Spezialitäten-Mix in seinem „Kaufmannsladen" an. Der erinnert tatsächlich an die alten Kolonialwarenläden vergangener Tante-Emma-Tage. In schlichten Holzregalen lagern dicht an dicht aufgereiht braune Apothekergläser und kleine Tütchen. Von Hand geschriebene Schilder und Aufkleber erläutern, womit sie gefüllt sind. Diese Hilfe ist unbedingt vonnöten, denn wer könnte sonst etwa zwischen den zwölf verschiedenen Pfeffersorten oder den acht Curryvarianten unterscheiden? „Wir halten für jeden Zweck und alle Geschmäcker etwas Passendes bereit", verspricht Jankovecki, der nicht nur ein cleverer Kaufmann ist, sondern dazu ein ambitionierter Hobbykoch. Da lag es nahe, in den benachbarten Räumen Platz für ein kleines Café zu schaffen, in dem er mittags kleine Mahlzeiten serviert und nachmittags zu Tee und Kaffee auch leckeren Kuchen aus eigener Herstellung reicht. Die Leute, die in seinen Laden kommen, versteht er eher als Gäste denn Kunden. „Sie sollen stets das Gefühl haben, hier so willkommen zu sein wie früher, wenn man bei der Oma oder der Tante vorbeischaute." Damals, als der Besuch von Wochenmärkten und Kaufmannsläden noch zum Alltag der Menschen gehörte.

Der Kaufmannsladen
Inhaber: Dragan Jankovecki
Völckersstraße 6
22765 Hamburg
Telefon: 0 40/490 47 92
Telefax: 0 40/490 47 92

Famoses für Feinschmecker

Es ist ziemlich kalt in dieser Dienstagnacht. Heinrich Wilkens blickt immer öfter auf seine Uhr, nestelt nervös am Handy herum. Schon zwei Stunden nach Mitternacht. „Allmählich müsste der Truck aus Paris eintrudeln“, raunt Wilkens. Vor sieben Stunden hat sein Kühltransporter Frankreichs Hauptstadt verlassen – bis zum Dach vollgestopft mit Frischware vom Großmarkt in Rungis. Sein Ziel ist ein Gewerbegebiet irgendwo in Norddeutschland. Wenn diese Verbindung ins Stocken geriete, dann käme in der Edelgastronomie statt Delikatessen aus aller Welt nur heimische Hausmannskost auf den Tisch.

Wer im Gourmet-Restaurant Pute, Rentierkeule oder Karpfen bestellt, bekommt ein Tier auf den Tisch, das schon eine lange Reise hinter sich hat. Die Chefköche vertrauen beinahe blind auf Fachkenntnis, Verhandlungsgeschick und Logistik der Frischdienste. „Um in dieser Branche Erfolg zu haben, müssen Sie die Sprache der Kunden sprechen“, sagt Wilkens. Unter seinen Mitarbeitern befinden sich deshalb ausgebildete Köche und Fleischermeister. Gastronomen aus dem ganzen Norden ordern bei ihm ihren Nachschub. „Wir versuchen, jeden noch so exotischen Wunsch zu erfüllen“, sagt der Geschäftsführer. Elchfleisch oder Lachs aus Norwegen? Wird besorgt. Bohnen aus Kenia? Kein Problem. Straußensteaks vom Kap der Guten Hoffnung? Dürfte kaum länger dauern.

Inzwischen ist der Vierzigtonner aus Paris eingetroffen. Ein kleiner Stau zwischendurch. Nichts Besonderes. Jeweils dienstags und freitags geht der Spediteur auf seine Tour de France. Frankreichs Metropole ist die Dreh-

scheibe des internationalen Frischwarenhandels. Seit Ende der sechziger Jahre die alten Markthallen im Zentrum der Hauptstadt abgerissen wurden, liegt der „Bauch von Paris" nur einen Katzensprung vom Flughafen Orly entfernt auf einem 600 Hektar großen Gelände im südlichen Vorort Rungis. Ganz Europa kauft hier ein. Schon morgens um vier Uhr herrschen Zustände wie auf einem orientalischen Basar. Hektisch karren Gabelstapler Paletten voller Schwertfisch, Rentierschinken und Austern durch die Gänge. Das laute Gebrüll der Händler und Kunden übertönt jedes Gespräch. Wild gestikulierend feilschen sie um Preise und Mengenangaben. 2,5 Millionen Tonnen Ware für mehr als acht Milliarden Euro werden pro Jahr in den 40 bis zu 200 Meter langen Hallen umgesetzt. Weltrekord. Mit dem Entladen der Trucks beginnt der Wettlauf gegen die Uhr. Wo vor Minuten noch nächtliche Stille herrschte, dominiert nun hektische Betriebsamkeit. Nur wenige Stunden verbleiben Wilkens und seinem Team, um den Eingang der Waren und ihre Qualität zu kontrollieren. Jeder Handgriff muss sitzen. Kurz nach fünf Uhr verlässt der erste Wagen das Gelände Richtung Autobahn, zwei Stunden später macht sich der letzte auf den Weg. Bis zum Abend werden sie auf Achse sein. Tag für Tag. „So können wir unsere Frischegarantie aufrecht erhalten", erläutert der Firmenchef. Für viele Lokale haben die Fahrer Schlüssel, denn so früh am Morgen ist nur selten Personal anzutreffen. Wenn die Küchenbrigade erscheint, hat Wilkens längst geliefert. Und falls trotz aller Vorplanung doch mal was fehlt? „Dann genügt ein Anruf, und wir sorgen für Nachschub", verspricht Heinrich Wilkens.

34
MUSTANG

Witthüs Blankenese

Welch ein herrliches Idyll! Nur ein paar Schritte vom nahen Elbufer entfernt liegt mitten in einem der schönsten Englischen Gärten Hamburgs das „Witthüs". Der Hirschpark und das mehr als 250 Jahre alte Reetdachhaus bilden eine traumhafte Kulisse für die Filme vom kleinen und vom großen Glück. Schon im schüchternen Frühjahr lassen sich an den Tischen unter den mächtigen Buchen und Linden erste Spaziergänger nieder. Hier wird der gepflegte Müßiggang zum puren Vergnügen.
In den Sommermonaten entpuppt sich das um das einstige Kavaliershaus des Kaufmanns Johann Cesar Godeffroy liegende Areal als einer der zugkräftigsten Besuchermagnete der Elbvororte. Einen Tag unter den Jahrhunderte alten Bäumen auf der malerischen Parkterrasse ausklingen zu lassen, ist einzigartig. Und was im seit 1964 gastronomisch genutzten „Witthüs" vielleicht mit einem romantischen Candlelight-Dinner bei gedämpfter klassischer Musik am Kachelofen beginnt, mündet später möglicherweise ebenda in einer märchenhaften Hochzeitsfeier. Wer möchte, kann sich an diesem Platz, an dem man schnell merkt, wofür es sich zu leben lohnt, sogar trauen lassen.
Seit Anfang der Siebziger Jahre leiten Verena und Wolfgang Nordt das „Witthüs". Sie zeichnen verantwortlich für die persönliche Note des Hauses und haben das einst verträumte Bauernhaus zu einer begehrten Adresse für Feierlichkeiten gemacht.
Nachmittags gibt sich Blankeneses gute Stube als Café und Teehaus. Zu den hochwertigen Kaffee- und Teespezialitäten kommt der in der hauseigenen Bäckerei morgens nach überlieferten Rezepten frisch gefertigte Kuchen auf den Teller. Eine legendäre Leckerei ist „Qualle auf Sand", ein unnachahmliches Tête-à-tête von Nuss- und Napfkuchenstückchen, Obstsalat, Rumkirschen, Schokosplittern und Schlagsahne. Einfach unwiderstehlich!
Sonn- und feiertags treffen sich im „Witthüs" die Brunchfreunde. Ein umfangreiches Büfett, das keine Wünsche offen lässt, erwartet die Glücklichen, die rechtzeitig ihren Platz reserviert haben.
Abends erstrahlt das Haus in zauberhaftem Glanz. „Erfahren wir, dass Gäste uns aus einem besonderen Anlass besuchen, freuen wir uns, dies unterstreichen zu dürfen", erklärt Verena Nordt. Ein mit zarten Efeuranken und Rosenblättchen geschmückter Tisch erwartet dann das Geburtstagskind, grüßt zum Hochzeitstag oder hebt das lang ersehnte Wiedersehen mit einem liebenswerten Menschen hervor. Bei romantischem Kerzenschein in entspannter Atmosphäre werden Abende zu zweit, mit Freunden oder Geschäftspartnern zu unvergesslichen Erlebnissen.
Maßgeblich daran beteiligt ist Küchenchef Sivalingam Suresh, der mit seiner ambitionierten, internationalen Küche auf hohem Niveau die Gäste begeistert. Beim Lesen der abwechslungsreichen Karte spürt man die Lust und Kreativität der Köche. Typisch sind das Toskanische Zucchinitörtchen und Riesengarnelen an Safranschaum, das Filet vom Jungschwein unter der Senfkruste mit Pflaumenchutney oder der Irische Wildlachs im Mangoldblatt an Zitronengrassauce. Mit viel Fantasie und Liebe kombiniert Suresh die frischen Zutaten der Saison zu Kreationen, die sich von der Region genauso inspiriert zeigen wie von kulinarischen Traditionen des Mittelmeerraums oder Fernost.
Das gelungene Zusammenspiel aus exzellenter Küche, hanseatischer Eleganz und stimmungsvoller Atmosphäre, Individualität, privatem Ambiente und der zauberhaften Lage bildet das Erfolgsrezept dieses ganz besonderen Lokals.

Witthüs
Inhaber: Verena und Wolfgang Nordt
22587 Hamburg
Elbchaussee 499 a
Telefon: 0 40/860 173
Telefax: 0 40/867 580

Restaurant Fischmarkt Neustadt

Es war eine Entscheidung, die sich angedeutet hatte. Über Jahre. Peter Lühr wollte diesen Schritt schon lange machen – doch die passende Gelegenheit ließ auf sich warten. „Nur nichts überstürzen, was man hinterher bereut", sagte sich der Hamburger ein ums andere Mal. Oft genug hatte er schließlich erlebt, wie selbst versierteste Kollegen mit der Eröffnung eines eigenen Lokals Schiffbruch erlitten. Das wollte er vermeiden.
Erst als ihm mit dem „Restaurant Fischmarkt" eine wirkliche Top-Adresse zur Übernahme angeboten wurde, griff Lühr beherzt zu. Er wusste schließlich um dessen Möglichkeiten, hatte es ja einige Jahre zuvor selbst eröffnet. „Bei diesem Potenzial musste ich einfach zugreifen", erinnert er sich. Gewartet zu haben, erwies sich als goldrichtig. Heute zählt sein Haus zu den renommiertesten Fischküchen der Stadt. „Gelegentlich muss man Umwege gehen und auch mal die eine oder andere vermeintliche Abkürzung ignorieren, um an die richtige Kreuzung zu gelangen", rät der Gastronom.
Peu à peu setzte Lühr gemeinsam mit Sohn André und seiner Lebensgefährtin und Service-Chefin Kathrin Schnurpfeil neue Akzente. Mit frischen, sonnigen Farben verstärkte er den mediterranen Charakter. Kulinarisches Zentrum des Restaurants und ein echter Blickfang ist die große Fischvitrine. Hier offenbart Neptuns Reich seine Schätze: Gotteslachs und Seeteufel, Papageienfisch und Meeräsche, Hummer, Langusten und Muscheln. Die Vielfalt des Angebots ist unübertroffen und hält für jeden Geschmack großartige Delikatessen bereit. Jeder Gast kann sich seinen Fisch hier aussuchen und auch bei der Zubereitung zusehen. Wie Peter Lühr legt Chefkoch Thomas Scheinemann großen Wert auf Kontinuität in der Küche: „Man darf sich nicht auf seinen Lorbeeren ausruhen, sondern muss mit seinen Bemühungen an jedem Tag wieder bei Null beginnen."
Ihre Topform beweist die Küchenbrigade bereits zur Mittagszeit. Peter Lühr begrüßt dann eine illustre Schar aus Geschäftsleuten, Bänkern und Managern. In ihrem kulinarischen Heimathafen geben sie sich nicht mit Kompromissen zufrieden, sondern stellen höchste Ansprüche. Dass er damit keine Probleme hat, macht den Inhaber stolz: „Die meisten Mittagsgäste sind Stammgäste." Auf der Lunchkarte stehen etwa Rotbarsch an Gemüsebratnudeln mit Sesam-Sojasauce oder Doradenfilet auf Cous-Cous. Abends kommt kaum ein Gast an der nach einem hauseigenen Spezialrezept zubereiteten Bouillabaisse vorbei. Anschließend nimmt die Karte richtig Fahrt auf. Kurs: Wohlbefinden. Der Hamburger Pfannfisch von Lachs und Dorsch auf Bratkartoffeln wäre dafür eine Variante, Gebratenes Wolfsbarschfilet eine andere, Nordsee-Seezunge „Müllerin" die dritte. Fündig wird man in jedem Fall. Und für ein süßes Dessert, ein Stück Kuchen oder einen Espresso auf der Terrasse reicht die Zeit sicher auch noch.
Peter Lühr hat seine Entscheidung, sich mit dem „Restaurant Fischmarkt" selbstständig zu machen, nicht eine Sekunde bereut. Mit seinen Gästen liefert er sich seit Jahren ein bemerkenswertes Wechselspiel: Er garantiert Qualität auf höchstem Niveau, sie halten ihm die Treue.

DORADENFILET AUF ITALIENISCHE ART

Zutaten
800 g Doradenfilet ohne Gräten
2 Zucchini, 1 Aubergine
100 g Champignons, 100 g Bleichsellerie
1 Fenchel, 4 Trockentomaten
2 EL Olivenöl
1 Knoblauchzehe
1 Thymianzweig
8 gegarte fest kochende Kartoffeln
etwas Weizenmehl
1 Zitrone
300 ml Fischbrühe
120 g Butter
0,5 g Safran
Salz und Pfeffer aus der Mühle
Petersilie und Dill

Zubereitung
Doradenfilet säubern, trocken tupfen und mit Salz und Zitronensaft würzen. Später mehlieren. Gemüse in gleich große Würfel schneiden. In der Pfanne mit Olivenöl scharf anbraten, mit etwas Fischbrühe ablöschen und vier bis fünf Minuten köcheln lassen. Thymian und Knoblauch unterheben. Die Kartoffeln ebenfalls anbraten und würzen, danach bei 100 °C in den Ofen stellen. Die mehlierten Doradenfilets in zwei große erhitzte Pfannen mit etwas Olivenöl und Butter von beiden Seiten zwei bis drei Minuten goldbraun braten, dann mit Küchenkrepp antupfen. Für die Sauce Fischbrühe, Weißwein und Zitronensaft erhitzen und mit kalter Butter abbinden. Abschmelzen mit Salz und Pfeffer aus der Mühle. Zum Schluss ein halbes Gramm Safranfäden unterrühren. Das Gemüse auf dem Teller anrichten, die mit dem Zauberstab aufgeschäumte Sauce darüber verteilen und die Kartoffeln darauf geben. Die Fischfilets auf das Gemüse legen, mit Petersilie und Dill dekorieren.

Restaurant Fischmarkt
Inhaber: Peter Lühr
Ditmar-Koel-Straße 1/Ecke Schaarmarkt
20459 Hamburg
Telefon: 0 40/36 38 09
Telefax: 0 40/36 21 91

Rive Altona

Die Fähre hinüber nach England legt nicht mehr vom nahen Terminal ab, das Kreuzfahrt-Center ist verwaist. Nur im „Rive" scheint die Zeit stehen geblieben. Seit 1992 genießen seine Gäste die herrliche Sicht auf Elbe und Hafen. Die riesigen Fenster gestatten von jedem Platz aus den Blick aufs Geschehen. Und auf der Terrasse ist man der Elbe so nah wie sonst nirgendwo. Vielen der so spektakulär wie hektisch am Hafenrand errichteten gläsernen Gourmettempel mag das „Rive" als Vorbild gedient haben – die herausragende Qualität des Originals haben sie alle nicht erreicht. Kein Zweifel: So und nicht anders muss ein maritim angehauchtes Hafenbistro mit kosmopolitischem Anspruch eben aussehen.

Der von Sardinien stammende Restaurant-Manager Corrado Comtu begrüßt täglich eine illustre Schar an Gästen. Künstler, Werbeprofis und Medienschaffende finden hier ebenso Platz wie Geschäftsleute, politische Prominenz und Touristen. Ihnen allen wird eine handwerklich souveräne und einfallsreiche Fischküche geboten. Alles, was das Meer an Delikatessen bereithält, wird von den flinken, vorwiegend italienischen Kellnern in zumeist traditioneller Zubereitung auf den Tisch gebracht. Hier hat der alte Merksatz noch Gültigkeit: Fisch schmeckt am besten wie Fisch.

Küchenchef Bastian Rau garantiert Verlässlichkeit und Beständigkeit auf höchstem Niveau. Halbgare Zugeständnisse an den kulinarischen Zeitgeist lehnt er ab. So hat sich etwa sein mit Räucheraal, Matjes, Krabben, Lachs und Rührei bestückter Hanseatenteller längst den Status des Klassikers erobert. Auch Edleres wie Steinbutt oder Seezunge kommt ohne überflüssige Kinkerlitzchen daher. Zum Wiener Schnitzel – einem Muss für Gäste, denen der Sinn eher nach Fleisch als nach frischen Meeresfrüchten steht – werden entweder Bratkartoffeln oder ein Salat aus Kartoffeln und Gurken gereicht.

Einen eindrucksvollen Kontrast dazu liefern jene kulinarischen Spezialitäten, die viel zum guten Ruf des Hauses beigetragen haben. Ein Restaurant, das den Beinamen „Oyster Bar" trägt, steht schließlich in der Pflicht, auch durch Austern, Hummer, Langostinos und Kaviar zu überzeugen.

Zum Lunch gibt sich das „Rive" dann allerdings doch regelrecht volksnah: Zwar hat die Standardkarte ebenfalls Gültigkeit, doch noch größerer Beliebtheit erfreut sich eine spezielle Mittagsofferte. Aus je zwei Vor- und Hauptgerichten sowie einem Dessert dürfen sich die Gäste selbst ein Menü zusammenkomponieren. Auf der Karte stehen dann beispielsweise Labskaus mit Spiegelei, Matjes und Rote Beete oder gebratener Kabeljau auf Zucchinisalat. Ein Glas Weißwein und ein Espresso sind im günstigen Preis inbegriffen.

„Wir wollen uns nicht auf unseren Lorbeeren ausruhen, sondern unseren Gästen immer wieder Angebote unterbreiten, die sie anderswo vergeblich suchen müssen", sagt Manager Comtu. Richtig so. Der Standort sichert dem „Rive" einen guten Start, den Sieg indes bringt erst die Küche ins Ziel.

Rive
Inhaber: Hubertus Henrich
Van-der-Smissen-Straße 1
22767 Hamburg
Telefon: 0 40/380 59 19
Telefax: 0 40/389 47 75

Chilli Club Speicherstadt

Die Adresse ist so zukunftsweisend wie das Konzept. Einen weltstädtischeren Standort für Deutschlands ersten (und bei anhaltendem Erfolg ganz sicher nicht letzten) „Chilli Club“ als die Magellanterrassen in der HafenCity kann es nicht geben. In zentraler Lage entsteht hier in Windeseile das modernste Quartier Hamburg – und die stylische „Asian Brasserie“ ist sein erster Vorbote.

Hinter der Idee steckt ein kreatives Dreigestirn: Kaspar Stuart, der im belgischen Antwerpen das „Chilli“-Muster erfand, sowie die beiden Hamburger Christoph Strenger und Michael Meier. Das Trio eint die Vision einer hochwertigen, erlebnisorientierten und niveauvollen Gastronomie. „Die Welt blickt auf die HafenCity, da muss die Qualität wirklich stimmen betont Manager Meier: Wir präsentieren drei Konzepte unter einem Dach: Restaurant, Bar, Lounge. Jedes für sich einen Besuch wert. Auch optisch: Die Inneneinrichtung hat das Amsterdamer Architektenbüro Concrete geschmackvoll maßgeschneidert, bei der Wahl der Farben bediente man sich vorwiegend aus dem roten Topf.

Den kulinarischen Part mit werktäglich wechselndem Business-Lunch verantwortet Helmut Geist. Der erfahrene Chefkoch steht für eine leichte, gesunde und frische asiatische Küche nach dem Motto „Wok this way“. Scharf!? ... nicht unbedingt. Es wird eine Brücke von „light“ spicy über „medium“ bis „hot“ spicy geschlagen. Es stehen reichlich Dim Sum und Tapas zur Wahl, etwa Satay-Spieße in Erdnusschilisauce, Sushi vom Thunfisch oder die Won-Ton-Suppe „Kantonesian Style“. Die marinierte Banane wird mit Schokoladeneis und Chili-schokosauce serviert. Keine Angst: Das schmeckt! Weiter geht es mit dem „Super Veggi Wok“, dem „Sweet Curry Coconut Chicken“ oder einem „Entrecôte am Zitronengrasspieß“. Wer es mittags etwas gediegener mag, ordert – je nach Tagesangebot – Spaghetti mit Shi-Take-Pilzen oder gedämpftes Zanderfilet mit Limonenblättern. Spielt das Wetter mit, stehen auf der Terrasse zusätzlich zu den rund 120 Innen- noch mal so viele Außenplätze zur Verfügung.

Ein raffinierter Vorhang aus dünnen Metallketten trennt die Restaurantzone unaufdringlich von der Bar. „Man sieht den anderen Bereich, wird aber nicht vom dortigen Geschehen gestört“, sagt Michael Meier. Prima Chillen – womit denn auch das rätselhafte Wortspiel um den Club-Namen endgültig aufgelöst wäre – lässt es sich in der äußerst stilvoll eingerichteten Lounge. Von Donnerstag bis Freitag sorgen DJs hier für entspannte Sounds zur langen Nacht. Auf einem Flatscreen laufen die passenden Bilder. Deutlich wird: Wenn in der HafenCity der durch den ambitionierten „Chilli Club“ angedeutete gastronomische Kurs beibehalten wird, steht einer viel versprechenden Zukunft des neu geschaffenen Reviers nichts im Wege.

Chilli Club
Inhaber: Sandtorkai GmbH
Am Sandtorkai 54
20457 Hamburg
Tel. 35 70 35 80
Fax 35 70 30 99

Email: info@chilliclub.de
Web : www.chilliclub.de

IndoChine Ottensen

Seien wir ehrlich: Der wahre Feinschmecker von Rang kennt sie alle, die Küchen der Welt. Weiß, wie man auf den British Virgin Islands Huhn in Kokosnuss zubereitet, wie Poisson Cru, der rohe Fisch nach Tahiti-Art, schmeckt oder Salta, das Nationalgericht der Jemeniten. Wirklich überraschen lässt sich der globale Gourmet deshalb nicht mehr. Zu den Regionen, die noch über genügend Potenzial für kulinarische Entdeckungen verfügen, zählt der südostasiatische Raum. Den eindrucksvollen Beweis tritt seit April 2002 das Restaurant „IndoChine" in Neumühlen an. Als eines der ersten in Deutschland bietet es die authentischen Speisen Vietnams, Kambodschas und Laos' an.

Die Küche Indochinas wurde durch die Jahrhunderte andauernde französische Präsenz nachhaltig geprägt. Auch wenn es regionale Unterschiede gibt, ist sie von den Traditionen des „savoir cuire" deshalb ebenso beeinflusst wie von denen der Nachbarländer Thailand und China. Der französischen Lehre folgen die Köche beispielsweise bei der Herstellung von Suppen. Asiatisch ist etwa die große Bedeutung von Gemüse und Reis. In ihrem Ursprung eine Bauernküche, wird die indochinesische Kochkunst durch den Einsatz reiner und unverfälschter Rohwaren zur hohen Schule veredelt. Früchte wie Limonen, Papaya und Mango spielen zusammen mit Kräutern und Gewürzen wie Minze, Limonengras, Koriander und Ingwer die Hauptrolle.

Ein Beispiel für die Esskultur in Laos stellen die Larb-Gerichte dar. Sie werden vor allem zu festlichen Anlässen wie Neugeborenen-, Hochzeits- und Genesungsfeiern zubereitet – „immer dann, wenn Freunde zusammenkommen", erläutert „IndoChine"-Geschäftsführer Arne Suckfüll. Überhaupt stößt die abendländische Sitte, sich mit einer oder zwei Speisen zufrieden zu geben, in Südostasien auf Verwunderung. Dort wird gerne in großer Gesellschaft getafelt. Je mehr Personen teilnehmen, desto mehr Gerichte kann man schließlich kosten. „Wir möchten diese schöne Tradition hier etablieren", sagt Suckfüll.

Durch das direkt am Fluss gelegene Restaurant hat das moderne Viertel am Neumühlener Elbufer eine enorme Aufwertung erfahren – vor allem im Design. Verantwortlich für dieses einzigartige Erscheinungsbild zeichnet der Gründer der „IndoChine"-Gruppe, Michael Ma. Ohne in einen konturenlosen euroasiatischen Stilmix zu verfallen, liefert er auf den drei versetzt angeordneten Ebenen ein raffiniertes Wechselspiel zwischen traditionellen Werten und modernem Schick, verknüpft gekonnt klassische Schlichtheit und Reduzierung auf das Wesentliche mit der Präsentation fernöstlicher Antiquitäten.

In der „Bar SáVánh" setzen riesige Maria-Theresia-Kronleuchter die Szenerie ins rechte Licht und lassen auch die imposanten Buddha-Köpfe in vollem Glanz erstrahlen. Unter den Augen Buddhas genießt der Gast hier seinen „Singapore Sling" oder einen der anderen 100 Cocktails. Auf der großen Sommerterrasse ist er der Elbe, auf der die imposanten Containerschiffe vorbeiziehen, noch ein Stückchen näher. Der Startpunkt zur kulinarischen Entdeckungsreise nach Indochina könnte nicht besser gewählt sein.

IndoChine
waterfront + restaurant
Neumühlen 11
22763 Hamburg
Telefon: 0 40/398 078 80
Telefax: 0 40/398 078 82

CoChine
bistro + bar im stilwerk
Große Elbstraße 68
22767 Hamburg
0 40/306 211 85
0 40/306 211 86

Restaurant Köpke Eppendorf

Jörg Köpke braucht kein Lexikon, um zu erklären, wie Sauerklee schmeckt: „Seine Blätter haben einen säuerlichen Geschmack, er kann deshalb bei Fleisch- und Fischgerichten als Alternative zu Zitronensaft verwendet werden." Und Bronzefenchel? „Verfügt über ein sehr warmes Fenchelaroma, ideal für Geflügel und Fisch." Von den Kräutern und Gewürzen, die im Küchenalltag eher selten zum Einsatz kommen, weiß der Hamburger Koch eine Menge zu erzählen. „Mit den so genannten vergessenen Kräutern arbeite ich besonders gerne, weil sie die Sinne schärfen und meinen Gästen ein gänzlich neues Geschmackserlebnis ermöglichen", verrät er. Weitere Beispiele für Variationsmöglichkeiten sind Süßdolde („etwa als Ersatz für Anis oder Fenchel") und Knoblauchrauke („in Salaten und Suppen eine Alternative zu Bärlauch").

Im Restaurant, das seinen Namen trägt, kann Jörg Köpke seiner Leidenschaft ungebremst nachgehen. Nach jahrelanger Wanderschaft hat er das Lokal mitten in Eppendorf Anfang 2000 mit seiner Frau Kathrin eröffnet. Der erste Eindruck überrascht: Der Gastraum ist klein, aber nicht eng, die weiß gekalkten Backsteinwände vermitteln einen bodenständig ländlichen Eindruck. Die vor allem durch sanften Kerzenschein geprägte Beleuchtung lässt Romantik aufkommen und bietet für idyllische Abende zu zweit ideale Voraussetzungen. Kathrin Köpke hat bei der Einrichtung und Gestaltung ihrer Phantasie freien Lauf gelassen und auf schlichten Schick statt auf überquellende Modernität gesetzt.

In der Küche vertraut Jörg Köpke einer Mischung aus Tradition und Innovation. Regionales und Internationales führt er gekonnt zusammen, wobei die Frische und die ökologische Herkunft der verwendeten Produkte oberste Priorität haben. Zudem kann sich jeder Gast darauf verlassen, tatsächlich nur hausgemachte Kost serviert zu bekommen. Köpke experimentiert am Herd gerne, in diesem Punkt lässt er aber nicht mit sich spaßen. Fünf hochwertige Hauptgerichte bietet seine Kochcrew täglich an, etwa Dreierlei vom Reh in Schokoladenjus, Kalbsrückenfilet mit Gänsestopfleber gratiniert oder Kabeljaufilet in einem Sechuanpfeffer-Fenchelmantel. Ein 14-täglich wechselndes Menü vervollständigt die geschmackvolle Karte.

Jedes gute Konzept verfügt über mehrere Standbeine. Bei Köpkes kommt zum Restaurant-Betrieb ein Cateringservice hinzu. Für Feierlichkeiten aller Art, für Empfänge und umfangreiche Arbeitsessen werden individuelle Angebote unterbreitet. Auf großes Interesse stößt ferner der Eventkalender, der monatlich Sonderveranstaltungen wie Kochkurse, Barbecue-Abende und Weinproben offeriert. Beim „Menü zum Wein" stellen Winzer ihre Weine vor, dazu kocht Jörg Köpke ein spezielles Fünfgangmenü. Und wer mehr über die Kunst des Würzens und Variierens mit vergessenen und unbekannten Kräutern erfahren möchte, sollte sich das alljährliche Frühlingskräutermenü vormerken.

Restaurant Köpke
Inhaber: Kathrin und Jörg Köpke
Schrammsweg 10
20249 Hamburg
Telefon: 0 40/471 938 81

Das weiße Haus Othmarschen

Eine Fernseh-Erfolgsgeschichte und ihre Folgen: Seit Tim Mälzer Tag für Tag in seiner TV-Kochshow „Schmeckt nicht, gibt's nicht" auftritt, haben Kurzentschlossene keine Chance mehr, in seinem Restaurant „Das weiße Haus" einen freien Platz zu ergattern. Das pittoreske Kapitänshäuschen am Övelgönner Museumshafen hat sich zum echten Touristenmagneten entwickelt. Wer allerdings Bekanntschaft mit der hier gepflegten „anspruchsvollen Küche ohne überflüssigen Schnickschnack" machen möchte, muss Wochen im Voraus reservieren. Ausnahmen werden nicht gemacht – ausnahmslos.

Abzusehen war das nicht unbedingt, als Mälzer und Christian Senkel das kleine Restaurant im August 2002 übernahmen. Der Standort schien für einen weiteren gläsernen Schickimicki-Gourmettempel geeignet oder für noch ein bodenständiges und gutbürgerliches Lokal. Das aber interessierte das Duo nicht. Es hatte eine zwar hoch ambitionierte, dennoch unkonventionelle und unkomplizierte Küchenphilosophie im Sinn. Die, so heißt es, folgt einem ganz einfachen Leitsatz: „Wir stellen den Gästen nicht unser Können in Rechnung." Ohne jetzt alle Karrierestationen der beiden nachzeichnen zu wollen: Das würde den Geldbeutel der Gäste dann doch erheblich belasten.

Oberflächlich betrachtet verlangen sie ihren Gästen dennoch einiges ab, zum Beispiel Vertrauen. Sie können nämlich nicht – wie man es von den meisten anderen Restaurants kennt – aus einer üppig bestückten Speisekarte wählen, sondern werden von der Kochcrew mit einem drei- oder viergängigen Menü überrascht. Dieses wird keineswegs „von der Stange" zubereitet, sondern kann sich durchaus von dem am Nachbartisch unterscheiden. Man versteht sich im „Weißen Haus" in erster Linie als Gastgeber, als Garant für eine schöne Zeit, in der sich der Gast die Vorfreude gar nicht erst durch die Qual der Wahl verderben soll. Montags treiben sie das Konzept sogar auf die Spitze und setzen das Preissystem außer Kraft: Die Gäste entscheiden dann selbst, wie viel sie zahlen wollen. Verlust haben die Gastronomen dabei noch nicht gemacht.

Das Risiko hält sich auch bei den Überraschungsmenüs im Rahmen. Der Küchenchef ist nicht nur ein extrem kreativer, sondern auch ein ebenso exzellenter Koch. Und die Kollegen, die ihn im Alltag am Herd vertreten, stehen seinen Ansprüchen in nichts nach. „Wir machen hier Lustessen", sagen die Hausherren, angesiedelt irgendwo „zwischen Bocuse, Jamie Oliver und den deutschen Frauenzeitschriften." Die Küche wird inzwischen von Tom Roßner ganz im Sinne der beiden Chefs geführt. Wer sich in seine Hände begibt, wird in jedem Fall reich belohnt, etwa mit gebratenem Heilbutt mit Roten Beten, Kapern und Rosmarinkartoffeln oder gegrilltem Lamm auf Bärlauchrisotto.

Mittags, wenn die Leckermäuler aus den umliegenden Büros herbeiströmen, vereinfacht eine kleine Karte das Bestellprocedere. Zeit ist knapp, also stehen fünf Gerichte zur Auswahl – zu äußerst gesitteten Preisen übrigens, wie immer wieder gelobt wird. Das gilt, nebenbei bemerkt, auch für das Menü am Abend. Selbst hartgesottene Gastronomiekritiker blicken verblüfft auf die Rechnung. Aber wer behauptet denn auch, dass ein Überraschungsmenü mit dem letzten Gang tatsächlich beendet ist?

LIME PIE

Zutaten

140 g zerstoßene Vollkornkekse
60 g Zucker, 80 g flüssige Butter, 4 Eigelb
400 g Milchmädchen (gezuckerte Kondensmilch)
120 ml Limettensaft
Vanilleeis, Zimt, Minze

Zubereitung

Für den Boden die zerstoßenen Vollkornkekse (z. B. Hobbits von Brandt) mit dem Zucker, der flüssigen Butter und einer Prise Zimt vermischen. Fest in eine Tarteform pressen und fünf bis sieben Minuten bei 180 °C anbacken. Dann auskühlen lassen.

Für die Limemasse die Eigelb mit Milchmädchen, dem Limettensaft und Schalenabrieb vermischen. Die Masse auf den Boden verteilen und bei 120 °C im Ofen langsam anstocken lassen. Die Konsistenz soll gerade schnittfest sein. Sofern eine Gasflamme aus der Kartusche verfügbar ist, die Oberfläche nach Erkalten mit Kristallzucker bestäuben und mit der Flamme karamellisieren. Mit Vanilleeis oder Nocken von Zitronen-Crème-Fraîche und frischer Minze garnieren.

Das weiße Haus
Inhaber: Tim Mälzer & Christian Senkel
Neumühlen 50
22763 Hamburg
Telefon: 0 40/390 90 16
Telefax: 0 40/390 87 99

Cha Chá Neustadt

Die Menschen in Thailand haben eine bemerkenswert optimistische Lebenseinstellung. Was auch immer passiert, ihre Antwort ist ein gelassenes „cha chá". Das heißt so etwas Ähnliches wie „Alles wird gut". Wichtig ist „sanuk", die Zufriedenheit, und die lässt man sich ungern durch äußere Umstände verderben. „So ist das auch beim Essen", sagt Gilbert Köcher. Er kennt die ostasiatische Küche aus dem Effeff, hat einen erheblichen Teil seines beruflichen Lebens in Fernost verbracht. Nun legt der Sternekoch mit Gerichten wie dem Massaman-Curry, gebackenem Hoki-Fischfilet oder Garnelen-Ananasspießen Hamburgs Feinschmeckern die Philosophie des „sanuk" an Herz – erfreulicherweise unter völligem Verzicht auf Feinschmecker-Attitüde.
„Cha Chá"-Chef Werner Köpper, den ein gutes Näschen für Trends auszeichnet, hält große Stücke auf seinen Küchenchef. „Asiatisch kochen viele. Ihn zeichnet aus, dass er die Produkte kennt, das Timing beherrscht und eben schon vor Ort in den besten Häusern gearbeitet hat." Damit erfüllt Köcher die wichtigsten Voraussetzungen, um die Ideen einer polyglotten, modernen und gesunden Küche in die Tat umzusetzen. Sie ist die direkte Reaktion auf das veränderte Essverhalten der Deutschen. Man kocht kaum noch zu Hause, hat mittags wenig Zeit, will aber dennoch nicht auf Fastfood umsteigen. „Das ist die Chance für die leichte, aromatische und gesunde Kost, die wir anbieten", meint Köpper.
„Positive Eating" heißt das im „Cha Chá". Essen soll nicht nur das körperliche, sondern auch das geistige Wohlbefinden steigern. Die äußerst vielfältige thailändische Esskultur ist dafür wie geschaffen. Ein großes Geheimnis macht man in dem Ende 2004 eröffneten Restaurant nicht um sie. Es gilt: Wer weiß, was er isst, hat mehr Freude daran. Also lassen sich die Köche bei ihrer Arbeit in der verglasten Küche über die Schulter schauen. Auf den bedruckten Tischsets erfährt jeder Besucher zudem von der vitalisierenden Kraft der Mangos, vom leistungsfördernden Effekt des Brokkolis oder von den Wirkungsweisen der Gewürze. Und die bewusst klein gehaltene Speisekarte liefert weitere Erklärungen zu den stets frisch und vorwiegend aus Bio-Produkten zubereiteten Suppen, Reis- und Nudelgerichten. Selbst die Desserts sind präzise beschrieben. Dazu werden mit Vorliebe fruchtige Natursäfte und phantasievolle Saft-Elexiere gereicht. Immer eine Versuchung wert ist etwa der sündige Kirsch-Bananensaft mit frisch gehackter Minze und Valrona-Schokoladenraspeln.
Natürlich lässt sich mitten in der Hamburger Innenstadt nicht die ursprüngliche Atmosphäre einer Straßenküche in Bangkoks Khao-San oder der Rabutree Road nachstellen. Die Inneneinrichter haben es im „Cha Chá" gar nicht erst versucht. Es dominiert eine klare, aufs Wesentliche reduzierte Ästhetik, die allerdings keineswegs kalt oder unpersönlich wirkt. Aber das ist auch nicht entscheidend. Wichtiger ist der Umstand, dass die Gäste ein stimmiges Ambiente vorfinden, das ihren Erwartungen von Südostasien entspricht. Deshalb treffen sie sich bei thailändischen Spezialitäten mittags oder nach Feierabend an langen Bambustischen – die zur Kommunikation und zum gewünschten und versprochenen „sanuk" einiges beitragen.

THAI KLEBREIS MIT FRISCHER MANGO UND BANANENFRÜHLINGSROLLEN

Zutaten

250 g Glutinous Reis / Klebreis
750 ml Wasser
1 Pandanblatt
10 g Salz
180 ml Kokosnussmilch
155 g Zucker
2 reife Thai-Mangos
8 Bananenfrühlingsrollen

Dekoration

4 Physalis
4 Minzeblätter
40 g gerösteter Sesam

Zubereitung

Klebreis mit dem Wasser und dem Pandanblatt mischen und über Nacht einweichen. Am nächsten Tag das Wasser abgießen und in einem Sieb zugedeckt in einem Topf für etwa 20 Minuten dämpfen. Die Kokosnussmilch mit dem Salz und dem Reis vermischen. Nochmals zehn Minuten den Reis im Topf dämpfen. Fertigen Reis in eine Schüssel füllen und mit dem Zucker vermischen.
Mango in zwei Hälften schneiden und Kern entfernen. Mit einem Esslöffel das Mangofleisch von der Schale trennen und in 2 cm dicke Streifen schneiden. Frühlingsrollen im 180 °C heißen Pflanzenfett goldbraun ausbacken.
Kokosnussreis mit einem in Wasser getränkten Eisportionierer auf den Teller portionieren. Mangostreifen fächerartig anrichten. Bananenfrühlingsrollen seitlich an die Mangostreifen legen. Mit einer Physalis sowie einem Minzeblatt garnieren und mit dem Sesam bestreuen. Übrigens: Alle Waren sind im asiatischen Lebensmittelhandel erhältlich.

Cha Chá
Inhaberin: Life Food Systems AG
Große Bleichen 16
20354 Hamburg
Telefon: 0 40/822 287 080
Telefax: 0 40/822 287 088

bagel station Hamburg Altstadt

Wer weiß, was heute das beliebteste Gebäckstück der Amerikaner wäre, wenn der polnische König Jan Sobieski im 17. Jahrhundert nicht ein so begeisterter Reiter gewesen wäre. Der Legende nach wollte ein jüdischer Bäcker aus Wien dem Regenten für seine Hilfe bei der Befreiung der Stadt von den Türken danken, indem er ein Steigbügeln nachempfundenes Brot erfand. Aus dem Bügel wurde der Bejgel und später in New York und New Jersey, wohin jüdische Auswanderer das Rezept für den magischen Kringel mitnahmen, der Bagel. Inzwischen hat er seinen Siegeszug um die ganze Welt angetreten und Europa (wieder) erobert. Die Geschichte interessiert jetzt nur noch am Rande, denn Bagel's coming home.

Erste Bekanntschaft mit den famosen Hefeteig-Rundlingen hat Toni Everest, Geschäftsführer der Hamburger „bagel station", in Wien gemacht. „Danach war ich davon überzeugt, dass sie ihre Freunde auch in Deutschland finden werden." Bagels seien trendy und gesund zugleich. Gepaart mit frischen Aufstrichen und Salaten gelten die fett- und cholesterinarmen Backstücke als ideale Zwischenmahlzeit für junge, weltoffene Großstädter. Sie werden nach einer geheimen Rezeptur und mit direkt aus den USA importiertem Mehl mehrmals täglich frisch vor Ort in heißem Wasser gekocht, pochiert und fertig gebacken.

Danach aber offenbaren sie einen erstaunlichen Variantenreichtum. Die Palette reicht vom „Basic Bagel" bis zum luxuriösen „New York Lox Bagel". Jeder Kunde kann sie nach persönlichem Gusto füllen oder bestreichen, etwa mit Haselnussbutter, Avocadocreme, Frischkäse oder Konfitüre. Alles geht. Und obendrein gibt's als Füllung leckere Zugaben: Salat, Hühnchenfleisch oder Lachs etwa. Everest: „Es gefällt unseren Kunden ganz besonders, dass sie die Wahl haben und sich ihre Snacks selbst zusammenstellen können." Hier bekommt niemand vorgefertigte und standardisierte Kost geliefert, sondern genau das, was er will. Weitere Erfolgsgaranten sind Suppen, Salate und Sweeties. Auch die Muffins, Brownies und Carrot Cakes werden selbst hergestellt. Gerade zum Frühstück oder zur kleinen Pause am Nachmittag erfreuen sie sich großer Beliebtheit – vor allem in Kombination mit dem hauseigenen Kaffee. „Wir bieten unsere eigene Mischung an, bei der jede Bohnensorte separat handgeröstet wird", betont Toni Everest.

Der Stationsvorsteher glaubt felsenfest an einen anhaltenden Bagel-Boom in Deutschland. Das liegt weniger daran, dass der „american way of eating" hier zu Lande sowieso stets auf große Resonanz stößt. Vielmehr bietet man qualitativ hochwertige und frische Produkte, die in der Welt des Fast-Food so ganz neue Akzente setzen. Zudem stimmen auch Name, Design und Image. Bagels entsprechen den Leitlinien einer modernen und zeitgemäßen Ernährung und werden gerade deshalb von Geschäftsleuten, Schülern und Touristen gleichermaßen geliebt. Kein Zweifel: Der Kringel ist für alle da. Übrigens auch in Berlin, Wien und sogar Kuala Lumpur. Die Erfolgsgeschichte der „bagel station" wird nämlich auch andernorts fortgeschrieben.

bagel station Hamburg GmbH
Inhaberin: Laila Everest
Schauenburger Straße 55–57
20095 Hamburg
Telefon: 0 40/360 981 96
Telefax: 0 40/360 981 97

Souperia Eimsbüttel

Es ist noch Suppe da! Und zwar richtig viel. Drei große Töpfe stehen auf dem Herd, alle bis zum Anschlag hochgeheizt. Sie fassen 50 Liter köstliche Suppe – 50 Liter nahrhafte und gesunde Wärme. Eine Wohltat für Magen und Seele.

Im März 2000 hat Katrin Voith ihre Suppenküche im Schanzenviertel eröffnet. Heute finden sich in ihrer Rezeptsammlung mehr als 600 Anleitungen aus allen Ländern und Regionen. Tendenz steigend. „Suppen sind wirklich überall rund um den Globus beliebt", sagt die Inhaberin der „Souperia". Vom ehemaligen Arme-Leute-Essen haben sie sich zu wahren Delikatessen entwickelt. Beeindruckend ist dabei die geschmackliche Vielfalt. Sie reicht von der traditionell bodenständigen Löffelkost aus Großmutters Küche bis hin zu exotischen Gemüsetöpfen, die den Gaumen überraschen.

Häufig reicht schon eine kleine Variation des Rezeptes, um den Geschmack grundlegend zu verändern. „Wir probieren deshalb immer wieder etwas Neues aus und experimentieren mit Gewürzen und Zutaten", sagt Katrin Voith. Sechs stets frisch zubereitete Suppen – mit Fleisch, aber auch ohne – bleiben einen Monat lang auf der Karte stehen, zwei weitere wechseln wöchentlich. Dazu gibt's frisches Ciabatta oder würziges Sauerteigbrot. Und Nachtisch und Säfte und Limonaden und Kaffee. „Suppe plus" lautet das Konzept.

Vielversprechend sind häufig bereits die Namen der Gerichte: Malaiisches Gemüsecurry oder „Chicken Tikka" aus Indien etwa, Bohnensuppe aus den Abruzzen oder die Grüne Karibische Fischsuppe mit Blattspinat. Davon möchte man gerne mehr als die obligatorischen 0,4 Liter auslöffeln, denn mit ihnen wird die Mittagspause flugs zu einer anregenden kulinarischen Reise um die Welt. Am beliebtesten ist allerdings ein Klassiker aus deutschen Landen: die herzhafte Kartoffelsuppe. „Das wird wohl auf alle Zeiten so bleiben", schmunzelt Katrin Voith. Sie selbst mag es hingegen gerne ein bisschen schärfer: „Mein Favorit ist der Erdnusstopf aus Zimbabwe." Wird der gekocht, brodelt's in den Töpfen wieder mal so richtig …

Souperia
Inhaberin: Katrin Voith
Bartelsstraße 24
20357 Hamburg
Telefon: 0 40/430 995 55

Mit Spaß dabei

Um den Einfallsreichtum ihrer Wirte brauchen sich Hamburgs Tourismus-Manager keine Sorgen zu machen. Zwar hat es auch an Elbe und Alster das große Zittern am Zapfhahn gegeben, doch die ganz schlimme Krise ist an den Pubs und Kneipen, den Cafés und Clubs vorbeigeschrammt. Wichtigster Grund: Hamburgs Gastronomen reagieren in der Regel schnell mit neuen Konzepten auf sich verändernde Großwetterlagen. Bistros eröffnen an historischen oder zentral gelegenen Plätzen und integrieren die Umgebung geschickt in den Tagesablauf. Cafébars kombinieren klug Morgen-, Mittags- und Abendgeschäft und stehen ihren Gästen so rund um die Uhr zur Verfügung.

Eine neue Generation hat hinter den Theken das Regiment übernommen. Eine Generation voller Optimismus und Drive, mit Ideen und dem Mut, sie umzusetzen. Zudem hat man endlich begriffen, dass ohne einen nicht nur körperlich anwesenden, sondern auch gut geschulten und gut gelaunten Service nichts geht. Kein Lokal kann sich heute mehr muffelige, schläfrige und inkompetente Kellner leisten. Alle wissen: Wenn der Deutsche sparen muss, verzichtet er zuerst auf seine liebsten Vergnügungen, etwa das Ausgehen. Restaurant-Betreiber begrüßen ihre Stammgäste dann nur noch ein- statt zweimal pro Woche. Lieb gewonnene Gewohnheiten werden geändert. Statt Essen außer Haus steht immer öfter Selbstverköstigung auf dem Plan. Und einstige Partylöwen entdecken den Reiz des gemütlichen Abends im Familien- und Freundeskreis.

Um solchen Trends entgegenzusteuern, ist vielfach selbst die Preisgestaltung kein Tabu mehr. Da seien in der Vergangenheit die meisten Fehler gemacht worden, analysieren Branchenkenner. Kaum ein Gast könne doch nachvollziehen, warum ein halber Liter Bier im Kasten 50 Cent kostet, die vergleichbare Menge am Tresen jedoch das Fünf- bis Sechsfache. Das Gläschen Prosecco zu fünf Euro, wo die Flasche im Supermarkt für gut die Hälfte zu haben ist. Unerklärlich für den Gast – weil es ihm auch niemand erklärt hat. Inzwischen jedoch hat man kapiert, dass Kneipenbesucher eben auch gerne umgarnt und umworben werden wollen. Ja, die Leute müssen sparen. Aber sie wollen sehr bewusst entscheiden, wo sie ihre Euros lassen. Sie entwickeln Raffinesse und Vergnügen dabei, intelligent weniger Geld auszugeben, ohne sich einschränken zu müssen. So begründet sich etwa der Erfolg der Gastro-Card-Aktionen, an denen eine Vielzahl von Restaurants, Bistros oder Bars teilnimmt.

Gefragt sind also auch weiter kreative Köpfe. Vordenker, die mit Entschlossenheit Chancen verwirklichen. Patentrezepte dafür, welche Ideen Zuspruch finden, gibt es nicht. Sind es die Rabattaktionen oder die ungewöhnlichen Stühle, der pfiffige Kellner oder die originellen Bilder an der Wand? Niemand weiß es. Die Welt der Gastronomie ist eine Wundertüte. Vielleicht funktioniert in Fuhlsbüttel gerade jenes Konzept, das in Eppendorf niemanden hinter dem Ofen hervorlocken konnte. Wer's nicht ausprobiert, wird's nicht erfahren.

Sweet Virginia Eimsbüttel

Als kleines Mädchen hatte es Gaby Heinßen nicht weit, wenn ihr der Sinn nach Vanille- oder Schokoladeneis stand. Gleich gegenüber von der elterlichen Wohnung in Eimsbüttel gab es ja dieses Eiscafé mit dem so untypischen, einem Song der Rolling Stones nachempfundenen Namen „Sweet Virginia". Genau so heißt das Lokal auch heute noch, Eis wird hier allerdings schon lange nicht mehr verkauft. Und Gaby Heinßen steht nicht mehr vor dem Tresen sondern dahinter.

1998 unterschrieb sie den Pachtvertrag – mit klaren Vorstellungen über die Zukunft: „Ich habe mir hier stets ein charmantes und helles Café gewünscht, das die Leute aus der Nachbarschaft anspricht und mit gutem Service auch jene Gäste überzeugt, die von weiter her kommen." Klarer Fall: Die Operation ist gelungen. Die Eisdiele hat sich zu einem Allrounder mit unübersehbaren Anleihen beim Wiener Kaffeehaus entwickelt.

Der Renner des Frühstücksangebots ist das „Special for Two", das bei verliebten Paaren viel Anklang findet. Die vielen auf dem Tresen ausliegenden Tageszeitungen und Illustrierten bleiben dann aber eher unbeachtet. Neben den Sandwiches und Salaten bereitet die Küchencrew täglich einen Mittagstisch mit vier Gerichten zu. „Leichte Küche und Hausmannskost mit Kick", sagt die Chefin dazu. Eine vegetarische Speise ist regelmäßig auf der Karte notiert, ebenso eine Leckerei aus der Suppenküche. Nachmittags kehrt dann wieder Ruhe ein. Gemütlich sitzen die Gäste bei den vorzüglichen Kuchen aus der Konditorei „Sweet Dreams" beisammen, zur Sommerszeit gerne auch draußen.

Abends gelingt die Verwandlung vom Bistro zum Restaurant mit 14-täglich wechselnder Karte auf wundersame Weise. Nun zieren weiße Decken die Tische, Kerzenschein sorgt für Behaglichkeit, von der Weinkarte lächeln neben fünf offenen roter und ebenso vielen weißen Tropfen auch Flaschen aus aller Herren Länder herüber. Dazu zeigt Alexis Rojas sich als ausgesprochen flexibler Koch: Sein Zanderfilet auf getrüffeltem Sauerkraut stößt genauso auf Zustimmung wie das Rinderfilet mit Thymianjus oder das Tandoori-Kaninchenfilet. Zum Abschied gibt's ein Gratislächeln von der charmanten Bedienung.

Sweet Virginia
Inhaberin: Gaby Heinßen
Bismarckstraße 10
20259 Hamburg
Telefon: 0 40/401 896 11

Planet Subotnik Ottensen

Es erinnert ein wenig an die Schulzeit: Montags steht Jazz auf dem Stundenplan, dienstags Fusion. Mittwochs gibt's Flamenco und Latin, donnerstags Reggae. Am Freitag präsentieren DJs Wave, Gothic, Funk und Swing, am Samstag ist alles live: Rock und Punk, Hiphop und Funk. Sonntags schließlich sind exotische Südsee-Sounds gefragt.

Jeder Gast, bekräftigt Sabine Klüwer, die den „Planet Subotnik" seit Anfang der neunziger Jahre in der Umlaufbahn hält, könne sich auf diese Planung hundertprozentig verlassen: „Man weiß ganz sicher, was hier los ist." Der Laden in Ottensen gehört zu den letzten Überbleibseln der einst quicklebendigen Hamburger Clubkultur. Mehrmals in der Woche finden Sessions und Konzerte statt. Vor allem Hamburger Lokalbands wie „Marita Röck" oder „Tod im Strandkorb" tummeln sich auf der Bühne. An den verbleibenden Tagen geben DJs den Ton an. „Diese Vielfalt ist genau das Ding, mit dem wir unser Publikum ziehen", sagt die Chefin. Das kommt häufig spät, bleibt dafür umso länger. Im Sommer ist es meist schon hell, wenn die letzten Gäste sich auf den Heimweg machen.

Vieles auf dem „Planet Subotnik" ist ungewöhnlich, der Sonntag indes übertrifft alles. Als Erinnerung an jene Zeiten, zu denen man hier bereits tagsüber essen und trinken konnte, wird ab 10 Uhr ans Frühstücksbüffet gebeten. Zu einem moderaten Festpreis gilt das kundenfreundliche Motto „Nachlegen bis Papp!". Abends lockt das Team von „Pidgin Kitchin'" zur pazifischen Party. Sabine Klüwer steht selbst hinter der Theke, Südseekoch Frank serviert „Koktäls und Pacifik Fuud", etwa Süßkartoffeln, Kochbananen und Ananas-Soja-Spieße. Dazu gibt's romantische Fernweh-Klänge auf die Ohren. Vorwiegend ist die traditionelle und moderne hawaiianische und polynesische Musik zu hören.

Der „Planet Subotnik" mag im glatt gewienerten und durchgestylten Kosmos der Musikhallen und Diskotheken ein Anachronismus sein. So lange es aber solche liebenswerten Fossile gibt und sich Menschen finden, die ein handgemachtes Programm einem maschinellen vorziehen, so lange kann es doch um diese Welt nicht ganz schlecht bestellt sein. Man sollte Sabine Klüwer gelegentlich sagen, welch großartigen Job sie da macht. Und die Daumen drücken, dass sie noch eine ganze Weile durchhält.

Planet Subotnik
Große Brunnenstraße 55 a
22763 Hamburg
Telefon: 0 40/410 995 34
Telefax: 0 40/410 995 33

Herzblut St. Pauli

Eine Rechnung mit drei Größen: Fußball plus Astra plus Reeperbahn. Macht unterm Strich: „Herzblut", die fun-orientierte Erlebniskneipe mitten auf dem Kiez. Hier geht es um Spaß, Lebensfreude, Liebe und Geselligkeit, nicht um in modernen Gewändern sich versteckende Spießigkeit. Reeperbahn-Besucher tragen selten Gucci oder Prada. Sie lieben es lässig und cool. So sind denn auch ihre liebsten Locations: unkompliziert und eher anspruchslos. In diese Gegend, in der die Fußballspieler des FC St. Pauli Kultstatus besitzen, passt nichts besser als Astra, das proletarische, stets weltoffene und mitunter etwas raubeinige Traditionsbier.

„Alles hier erinnert an den Kiez und an den Fußball", erklärt der amerikanische Designer Jordan Mozer, der dem „Herzblut" seinen Stempel aufgedrückt hat. Die gestreiften Torbögen sind in den Pauli-Farben gestrichen, die Separees verfügen selbstverständlich über samtene Vorhänge, Lampen erinnern an die Befruchtung einer Eizelle durch ein Spermium und hinter der Theke hängen unzählige BHs an der Wäscheleine. „Wir haben uns beim Design von der Idee einer rustikalen Traditionskneipe, ja eines schlichten Vereinslokals, leiten lassen und diesen Gedanken frei interpretiert", sagt Mozer. Viel Metall und Holz hat er verwendet – „solide Materialien für solide Menschen". So spielt das Konzept gekonnt mit Klischees und Gästeerwartungen. Geschäftsführer Dirk Kreuzer freut sich: „Das ist so verrückt und doch wieder so stimmig, dass hier das Paar in Jeans seinen Platz neben der Clique im Designer-Outfit finden kann."

Schön: Die Themenbereiche Essen, Trinken und Tanzen sind durch Raumteiler und unterschiedliche Boden- und Deckenhöhen klug voneinander getrennt. Das „Herzblut", das sich längst den Ruf erarbeitet hat, die legendärsten Partys auf dem Kiez zu veranstalten, ist nämlich nicht nur eine gern besuchte Feierstätte, sondern auch Bar und Restaurant. Beides natürlich mit einem ganz eigenen Kick. Die Küche mixt Rustikales geschickt mit Feinem und Delikatem – ganz so wie der FC St. Pauli, der mit Kampfeswillen und gelegentlichem spielerischen Glanz seinen Gegnern zu Leibe rückt. So werden sowohl Gemüseteller „Quer durch den Garten", Kartoffelpizzen und Currywürste im XXL-Format serviert, als auch ausgewachsene Menüs mit Hirschbraten, gebratenem Zanderfilet oder Hähnchenbrustfilet (mit Astra-Schmorrzwiebeln). Jeans und Designer-Outfit eben.

Vielen Paulianern reicht zwar für gewöhnlich die Astra-Knolle, um den großen Durst zu stillen, die „Herzblut"-Bar fährt aber noch einiges mehr auf. Allein die Cocktail-Karte bietet rund 40 handgemachte Kreationen an. Beliebte Klassiker wie der mit vier Sorten Rum ausgestattete „St. Pauli Killer" kommen auf Wunsch sogar in den genießerfreundlichen Halbliterversionen als „Jumbo" auf den Tisch – nur einer der Gründe, warum das „Herzblut" vielen Gästen als Start- und Zielpunkt ihres Kiez-Bummels dient. Und nicht wenige bleiben sowieso den ganzen Abend da. Am Ende lässt das nur ein Fazit zu: Die Rechnung Fußball plus Astra plus Reeperbahn scheint tatsächlich aufzugehen.

Herzblut
Inhaber: Herzblut Gaststättenbetriebs GmbH
Reeperbahn 50
20359 Hamburg
Telefon: 0 40/333 969 33
Telefax: 0 40/333 969 34

Die Ständige Vertretung Neustadt

Altkanzler Helmut Schmidt blickt ein bisschen verkniffen drein, Gerhard Schröder kommt als jugendlicher Held daher, Kanzlerin Angela Merkel schaut noch eher irritiert in die Runde. Die Porträtserie über die deutschen Regenten zählt zu den schönsten und originellsten der großformatigen Aufnahmen, mit denen in der „Ständigen Vertretung" (kurz: Stäv) alle Wände dekoriert sind. Kein einziges Fleckchen ist frei geblieben. Die Bilder – fast 500 sollen es insgesamt sein – zeigen 50 Jahre deutscher Geschichte. Viele Dokumente aus der Bonner Republik und der Wendezeit in Berlin. Adenauer und de Gaulle, Willy Brandt vor der Berliner Mauer und Mandoline spielend im Ferienhaus, Gorbatschow in Bonn. Dazu eine Reihe lokaler Berühmtheiten sowie Polit-Accessoires aus der früheren DDR: Demonstrations-Transparente oder mit Parolen verzierte Tafeln, die das Bewusstsein der Bevölkerung schärfen sollten.
„Aber wir sind keine Museumswärter, sondern Gastronomen", stellt Claus Hübsch klar. Er ist Marketing-Chef des Erfolgs-Konzeptes „Ständige Vertretung" in Hamburg und Hannover. Die Idee der „politikbegleitenden" und lustvollen Erlebnisgastronomie auf exterritorialem Restaurant-Gebiet des Rheinlandes stammt ursprünglich aus Bonn, wo über Jahre Regierende und Oppositionelle bedient wurden. Als die Stammgäste zu Beginn der neunziger Jahre nach Berlin gingen, zogen die Wirte nach und eröffneten dort die erste „Ständige Vertretung". Binnen weniger Monate eroberten sie entgegen aller Skepsis der Ur-Berliner einen legendären Kult-Status in der Hauptstadt. Der Name des Lokals ist eine Reminiszenz an die Zeiten des Kalten Krieges, als die beiden deutschen Staaten in den Hauptstädten des jeweiligen Kontrahenten statt Botschaften eben solche „Ständigen Vertretungen" als so genannte „Hilfs-Botschaften" unterhielten. Das Konzept hinter der Idee besteht im Export rheinischer Lebensart. Motto: „Wenn wir schon leben müssen, dann soll es wenigstens lustvoll sein!". Bereits ein kurzer Blick in die Speisekarte verrät, worauf sich diese Philosophie gründet: Gaffel-Kölsch statt Pils, Köbes statt Kellner, Flammekuchen statt Pizza. Und die gute, deutsche Küche: witzig, frisch, lustvoll, gesund und bezahlbar. Dies alles kommt locker und unprätentiös auf den Tisch. Beim Bier zeigen sich die Rheinländer ähnlich kompromisslos. Eine Ausnahme von der eisernen Kölsch-Regel wird nicht gemacht. Hübsch: „Das ist bekanntlich eines unserer Erfolgsrezepte, warum der Laden jeden Abend mit über 200 Plätzen knallvoll ist".
Es gibt keine Berührungsängste zu mutigen und kreativen kulinarischen Koalitionen: Neben dem „Deutschen Kanzler-Filet nach Schröder-Art" (Currywurst nach eigenen Rezepturen und leckeren „Pommes") zählt deshalb auch die Kombination von Currywurst und Grünkohl zu den beliebtesten Gerichten – bei Politikern ebenso wie bei Touristen, bei Medienschaffenden und Künstlern. Sie alle zusammen machen das Lokal Tag für Tag und Nacht für Nacht zur angesagten Kommunikations-Tankstelle. Nirgendwo in Hamburg erfährt man die neuesten Nachrichten und Gerüchte aus Politik, Sport, Kunst, Kultur und Wirtschaft schneller. Und nirgendwo wird allen Hiobsbotschaften zum Trotz so intensiv dagegen angefeiert. Und die Kanzler-Parade lächelt milde von der Wand.

Die Ständige Vertretung
Inhaber: G. M. Hübsch & E. Koch
Stadthausbrücke 1–3
20355 Hamburg
Telefon: 0 40/3600 6001

T.R.U.D.E. Barmbek

Dieser Bohrer passt nun wirklich nicht ins Heimwerker-Set. 14 Meter Durchmesser! Groß genug, um ganze Tunnel für den Fernverkehr in das Erdreich zu fressen. Für die vierte Röhre des Hamburger Elbtunnels hat er sich durchs Erdreich gearbeitet. Meter um Meter. Heute thront das Monstrum als weltweit beachtetes Industriedenkmal vor dem Restaurant T.R.U.D.E. in Barmbek, direkt neben dem Museum für Arbeit.

T.R.U.D.E., das steht für „Tief Runter Unter Die Elbe" und definiert den Einsatzort dieser spektakulären Bohrmaschine. An den Backsteinwänden des Lokals hängen unzählige Fotografien, Devotionalien und Fundstücke, die die Geschichte des Baus der vierten Tunnelröhre dokumentieren. Hübsch und Köpke, die das Haus gemeinsam betreiben, zeigen sich selbstbewusst und keineswegs überrascht, dass die Idee vom Tag der Eröffnung an sofort funktionierte: „Die Leute sind heutzutage einer solchen Vielzahl von Reizen und Einflüssen ausgesetzt, dass man ihnen schon ein besonderes gastronomisches Erlebnis bieten muss, um sie zu begeistern." Hübsch und Köpke kennen sich aus mit solchen Dingen. Immerhin betreiben sie auch das „Plaza" in Wandsbek und die „Ständige Vertretung" in der City.

Den Erfolg von T.R.U.D.E. macht indes nicht nur das Aufsehen erregende und in der Nacht geschickt beleuchtete Industriedenkmal neben der großen Sommer-Terrasse aus. Die Unternehmer setzen in den historischen Räumlichkeiten auf eine schwungvolle Ganztagsgastronomie. Der Anteil der deutsche Küche an der Hamburger Gastronomie liegt bei höchstens 20 Prozent. „Jetzt seien wir doch mal ehrlich", meint Hübsch, „wir vermissen doch alle den Zwiebelrostbraten, die Königsberger Klopse, das Bauernfrühstück, den Hamburger Pannfisch, das bewährte Wiener Schnitzel."

Hier in der T.R.U.D.E. gibt's die Leckereien aus Mutters altem Rezeptbuch rund um die Uhr – als neue deutsche Volksküche. Bei der Kalkulation der Preise regiert das Prinzip des spitzen Bleistifts, das Preis-Leistungs-Verhältnis stimmt. Neben dem traditionellen Elsässer Flammkuchen stehen moderne deutsche Nudelgerichte ganz hoch in der Gunst des Gastes – als Ernst zu nehmende Konkurrenz zum Italiener um die Ecke. Angesichts solcher Angebote fällt es schwer, hier nichts zu essen. Dennoch geht es nicht nur um die bemerkenswerte Küche, das quirlige Lokal am Osterbekkanal ist sowohl Treffpunkt für Gäste aus Winterhude und Uhlenhorst als auch Magnet für Besucher der ganzen Stadt und jeden Abend „stoppsack" (Hübsch) voll. Gerade im Sommer verwandelt sich der Garten in eine wahre Volksfestwiese, und das mitten in der Stadt. Wer will, kann die T.R.U.D.E mit dem historischen Dampfer „St. Georg" am Wochenende vom Jungfernstieg aus direkt anfahren.

In Zusammenarbeit mit dem Standesamt werden im romantisch ausgestatteten Trauzimmer der T.R.U.D.E. Hochzeiten vollzogen. Viele Paare haben sich hier bereits das Ja-Wort gegeben. „Las Vegas war gestern, heute ist Barmbek", schmunzelt Peter Köpke über diese ganz spezielle und deutschlandweit einzigartige Version von Erlebnisgastronomie.

T.R.U.D.E. – Restaurant. Cafe. Bar.
Inhaber: Hübsch und Köpke
Maurienstraße 13–15
22305 Hamburg
Telefon: 0 40/200 069 31
Telefax: 0 40/200 069 32

Plaza Wandsbek

Weltweit gilt die Plaza als der zentrale Punkt der großen Städte. Hier kommen die Menschen zusammen, hier herrscht Kommunikation, hier tobt das Leben. Autos hupen, Kinder laufen fröhlich umher, Paare flirten miteinander. Auch in Wandsbek, dem bevölkerungsreichsten Stadtteil Hamburgs, gibt es einen Marktplatz: eine Insel mitten im Leben. Und mitten darauf das Restaurant „Plaza". Eine der schönsten Immobilien der Hansestadt und ein Beispiel mutiger Architektur, die mehrfach prämiert wurde. Rund 300 Gäste finden Platz in dem innovativen Lokal mit seinem unverwechselbaren dreieckigen Grundriss, moderner und gleichzeitig bodenständiger, bürgerlicher Inneneinrichtung und einer an der jungen, kreativen deutschen Kochkunst orientierten Speisekarte.

Die „Plaza"-Macher sind alte Bekannte aus Hamburg. Die Inhaber Hübsch und Köpke betreiben auch das Restaurant T.R.U.D.E. in Barmbek. „Um in Wandsbek ein Pendant zu den Lokalen in der City und in der Hafengegend zu schaffen, müssen wir unseren Gästen hier einiges bieten", unterstreicht Peter Köpke und führt auf: einen zentral gelegenen Standort von höchster Frequenz, eine spektakuläre, prämierte Architektur, ein in sich stimmiges Service-Konzept und – natürlich – die neue deutsche Volksküche: jung, gesund, kreativ, witzig, leicht. Alles, was die deutsche Küche an Klassikern hervorgebracht hat, steht hier auf der charmanten Speisekarte – bis hin zur prämierten Kult-Currywurst als Hommage an den bekennenden deutschen Wurstesser.

Und dann noch ein Superlativ: die höchste Bar Deutschlands. Mindestens. Acht Meter vom Boden bis zur Oberkante. Das hölzerne Rückbüffet springt jedem Besucher sofort ins Auge. Das muss man gesehen haben, da werden Foto-Handys gezückt, um die einzigartige Bar als kleine Sensation im Bild festzuhalten. Bis zu 1 200 Flaschen finden darin Platz. Für die Barkeeper kein Problem. Sie haben selbst die obersten Etagen locker im Griff.

Schon beim Frühstück zeigt sich ein weiteres „Plaza"-Prinzip: die moderate Preisgestaltung. Für lediglich zwei Euro gibt's ein Croissant mit Butter und Konfitüre. Tasse Kaffee dazu? Macht 1,20 Euro mehr. Auch beim Mittagstisch können die großen Scheine im Portemonnaie bleiben. Das täglich wechselnde Stammessen kostet vier Euro, die weiteren Gerichte – etwa Königsberger Klopse, Nudeltaschen oder Hackbraten – unterbieten in der Regel das Limit von sechs Euro. Die Küche verspricht nicht nur kreative, sondern auch schnelle Arbeit: Wird nicht binnen 15 Minuten nach der Bestellung serviert, geht das Mittagsgericht aufs Haus. Nachmittags ist Zeit für Kaffee, Kuchen und Eis. Eiskreationen sind die absolute Spezialität des Hauses. Nach 18 Uhr sind die Köche dann nicht mehr zu bremsen. Egal, ob gebratene Schupfnudeln, Elsässer Flammekuchen, Zanderfilet oder ein Schwäbisches Zwiebelrumpsteak – sie verstehen ihr Handwerk sowohl bei der kreativen und witzigen deutschen Hausmannskost als auch bei den internationalen Spezialitäten.

Einmal im Jahr verpasst das „Plaza" seinen Gästen einen Extrakick. Von den gewohnten Preisen will dann niemand mehr etwas wissen. Nun entscheidet der Zufall darüber, wie viel das Drei-Gänge-Menü für zwei Personen kosten darf. Spannend wird es, wenn der Restaurantleiter die Roulettekugel durch einen Roulettekessel der Spielbank Hamburg rollen lässt. Pech, wenn die Kugel im Fach der 36 landet. Fällt dagegen die Null, ist der Jubel groß, denn dann wird hier umsonst geschlemmt.

PLAZA – Restaurant. Bar. Café.
Inhaber: Hübsch und Köpke
Wandsbeker Marktplatz 1
22041 Hamburg
Telefon: 0 40/689 465 51
Telefax: 0 40/689 465 52

Südhang St. Pauli

Keine Frage, am Südhang gedeihen die besten Reben. Da lag es für Frank Hoffmann nahe, seine kleine Schanzen-Bodega genau so zu benennen. Seit April 2002 bietet er hier feinste Tropfen an. Der Standort ist klug gewählt: Direkt unter dem Lokal befindet sich „Scarpovino", ein Geschäft, in dem es sowohl Schuhe als auch Wein zu kaufen gibt. „Das passt!", freut sich Peddy Kleis, die Geschäftsführerin der gemütlichen Vinothek. Zudem seien die Zeiten, als in den Szenevierteln und auf dem Kiez ausschließlich Bier und zweitklassiger Fusel getrunken wurde, längst passé: „Wein ist ein Qualitätsprodukt, das haben die Leute inzwischen verstanden."

Und wenn er so ansprechend präsentiert wird wie im „Südhang", dann findet er immer neue Freunde. Die umfangreiche Karte liest sich wie ein Trip in die große weite Weinwelt: Der „Bechtheimer Hasensprung" vom Cisterzienser Weingut Michel findet sich darauf ebenso wie der toskanische „Vernaccia di San Gimignona", der katalanische „Baltasar Gracian" wie der sizilianische „Altavilla rosso". Alles in allem kommen neun offene und rund 40 Flaschenweine aus den bedeutendsten Anbauländern zusammen; dazu gesellen sich regelmäßig spezielle Angebote, die sich nach Saison und Marktlage richten.

Zum Wein bietet Peddy Kleis ihren Gästen eine „gute und kreative Küche zu fairen Preisen". Damit geht es schon mittags los. Neben den Gerichten von der Standardkarte wird täglich ein dreigängiges Menü gekocht, das sich großer Beliebtheit erfreut. Anschließend findet sich die Küchenbrigade zusammen, um über die abendliche Speisenfolge zu beraten. „Da sind wir sehr flexibel und richten uns vorwiegend nach den aktuellen Angeboten in den Geschäften", betont Kleis. Gegen 15 Uhr rücken die Köche aus, um die nötigen Zutaten frisch einzukaufen, gegen 16 Uhr steht auf der Tafel, was am Abend serviert wird – etwa Kalbsragout mit Estragon und Vermuth oder Hähnchenbrust auf Wurzelgemüse. Im Sommer kommen diese Leckereien auch im Innenhof vor dem Eingang auf den Tisch. Schließlich speist und trinkt es sich unter dem Sternenhimmel doch noch mal so gut.

Südhang
Inhaber: Frank Hoffmann
Susannenstraße 29
20357 Hamburg
Telefon: 0 40/439 00 43

Gloria Cafébar Eimsbüttel

So unterschiedlich sind die Geschmäcker! Die einen benötigen Bier oder Cocktail zum Wohlgefühl, die anderen ein ordentliches Frühstück und einen starken Espresso. Dass man das auch alles unter einem Dach bekommen kann, beweist Falco Wambold mit seinem Ecklokal im Schanzenviertel.
Drei Raumsegmente bieten für jede Tageszeit und Stimmung das passende Ambiente: Das „Gloria“ ist eine klassische Bar mit langem Tresen und gedämpften Farben. Hinter einem Wandurchbruch dann das „Plus“. Ausgestattet mit original Gründerzeit-Kacheln von Villeroy & Boch, bietet es weiteren Platz zum lesen, feiern, essen und trinken. Zudem kann es etwa für Hochzeiten und Geburtstagsfeiern angemietet werden. Durch eine weitere Tür geht es ins „Glanz“, eine frühere Ladenwohnung mit mehreren Ebenen und einer kleinen Galerie zum Kuscheln. „Mein Wohnzimmer und Versuchslabor“, meint Wambold und zählt auf, was es hier schon alles gab: „Babylounge, Wellnessoase, Ausstellungen Hamburger Künstler, Spanischkurse.“
Bevor abends „gepflegtes Abstürzen und Vorglühen fürs Nachtleben“ ins Blickfeld rücken, steht erst einmal die Tagschicht auf dem Programm. Der Tag im „Gloria“ beginnt morgens um zehn. Das Frühstücksangebot und die aus der hauseigenen Backstube stammenden Kuchen erhalten mit Recht viel Lob aus Gästemund. Mittags kommt eine unprätentiöse, leichte und schmackhafte Küche auf den Tisch, vorzugsweise italienisch.
Je weiter die Zeit fortschreitet, desto mehr entwickelt sich die „Gloria Cafébar“ zu einer der coolsten Locations des Quartiers. Statt nach Milchkaffee verlangen die Nachtschwärmer nun verstärkt nach Longdrinks und Cocktails. Die Musik gewinnt an Bedeutung, die lässige Einrichtung im Retrolook sorgt für ein gemütliches Ambiente. Hier lässt es sich lange aushalten! Häufig wird das „Gloria“ als Startrampe für den Ausflug ins Nightlife genutzt. Es kommt jedoch ebenso häufig vor, dass Gäste einfach hängenbleiben und die Zeit vergessen.
Falco Wambold hat Geschmack an seinem Konzept gefunden und inzwischen im fernen Karlsruhe eine erste Dependance eröffnet, das „Gloriasüd“. „In Hamburg sind wir ein Klassiker“, sagt er, „Zeit herauszufinden, ob das Konzept auch in anderen Städten funktioniert.“

Gloria Cafébar
Inhaber: Falco Wambold
Bellealliancestraße 31–33
20259 Hamburg
Telefon: 0 40/432 904 64
Telefax: 0 40/432 520 75

Das Feuerschiff Neustadt

Tief unten im Maschinenraum wird gejazzt und gefeiert, gleich nebenan in den kleinen Schlafkojen träumt manch Gast von launigen Stunden auf hoher See. Oben an der Bar geht ein frisch Gezapftes über die Theke, im Restaurant erfreut man sich an internationaler und traditioneller maritimer Kochkunst.

In der Humber-Mündung an der Ostküste liegend, hatte das alte englische Feuerschiff „Light Vessel 13" nur eine Aufgabe zu erfüllen. Doch seit der knallrote schwimmende Leuchtturm 1993 in den City-Sporthafen geschleppt wurde, entfaltet er gleich mehrere Talente. Heute ist er eine Institution und ein Symbol der Hansestadt, das weit über deren Grenzen hinausstrahlt.

30.000 Britische Pfund musste der Hamburger Kapitän Wulf Hoffmann einst für die in traditioneller Nietbauweise hergestellte und zum Schluss nur noch als Einsatzreserve dienende „LV 13" hinblättern. Anschließend wurde sie innerhalb von zehn Monaten zum Gastronomieschiff umgerüstet. Die Anstrengungen haben sich gelohnt. Jahr für Jahr steigen mehr als 100.000 Menschen über die schmale Gangway an Bord. Sie erwartet ein urwüchsiges Ambiente, das so gar nichts gemein hat mit der modernen Hightech- und Computer-Ausstattung heutiger Schiffe.

„LV 13" ist stolze 42 Meter lang und 7,60 Meter breit und verfügt über insgesamt drei Ebenen, die ganz unterschiedlich und unabhängig voneinander genutzt werden können. Für Lesungen und Firmenfeiern ebenso wie für Partys und Musikveranstaltungen. Zu den Höhepunkten im Programm zählen seit langem die montäglichen Jazz-Events, bei denen Wulf Hoffmann gelegentlich selbst mit seinem Bass auf der Bühne steht. „Schifffahrt ist Vielfalt, und ich will Vielfalt bieten", war in all den Jahren seine Losung.

Nicht zu vergessen: Schifffahrt ist selbstverständlich eine internationale Angelegenheit. Die Nebenrolle als „kleine Speisewirtschaft an der Ecke" kam für Hoffmann und seine Crew deshalb nie infrage. Das Gegenteil war und ist der Fall: „Wir fühlen uns in der ganzen Welt zu Hause." Zwei Beispiele mögen als Beleg reichen: Zum einen ist das Personal höchst international zusammengesetzt, zum anderen kennen sich die Köche mit der globalen Küche bestens aus. Bei ihrer kulinarischen Reise um den Erdball läuft „LV 13" regelmäßig die bedeutendsten Häfen an. Wenn sie etwa in der südafrikanischen Vier-Millionen-Metropole Kapstadt vor Anker geht, schreibt der Smutje ein dreigängiges Menü mit Boontjiessop, King-Klip-Curry und gebackenem Buttermilchpudding auf den Speisezettel.

Wer abends zu lang und zu tief ins Glas geschaut oder einfach Lust auf eine Nacht an Bord bekommen hat, findet Platz in einer der original belassenen Kabinen. Nach ihren oft monotonen und anstrengenden Diensten legten sich hier früher Kapitän, Techniker und Lightmen zur Ruhe. Gäste, die heute in den Kojen nächtigen, müssen glücklicherweise nicht damit rechnen, von einem Orkan oder von den regelmäßig ertönenden, phonstarken Tonsignalen, mit denen das Feuerschiff seine Position melden musste, aus dem Bett geworfen zu werden. Das besorgen, wenn überhaupt, die Jazzer. Aber deren Spielfreude sollte sich sowieso niemand entgehen lassen, der seinen Fuß auf die historischen Planken von „Light Vessel 13" setzt.

Das Feuerschiff
Inhaber: Wulf Hoffmann
Vorsetzen
20459 Hamburg
Telefon: 0 40/362 553
Telefax: 0 40/362 555

Elbe 76 Eimsbüttel

Der Fluss gleicht dem Bild steter Veränderung. Einem Gefüge aus Standpunkt und Reise. (Enver J. Jacobsen)

Veränderung mit größtmöglicher Beständigkeit. „Die Elbe beinhaltet für mich Heimat und Konzept", sagt Inhaber Ivo Ruczinski. Veränderung und Bewegung ist sein Antrieb. Als ihm in den Neunzigern ein Laden angeboten wurde, machte er daraus eine zeitgemäße Bar. Als im Nebengebäude Platz frei wurde, brach er die Mauer durch und erweiterte um ein Restaurant. „Weil sie organisch gewachsen ist, sind wir heute meines Wissens einer der ganz wenigen Läden in Hamburg, wo diese mittlerweile häufige Kombination von Restaurant und Bar auf Dauer wirklich schön funktioniert", behauptet der Inhaber vom Elbe 76.

Also: Restaurant und Bar. Beide Bereiche gehören zusammen, sind aber doch voneinander getrennt. So gibt es keine Konflikte, wenn es in der Bar hoch hergeht, im Restaurant dagegen Ruhe gefragt ist.

Dieses Konzept wird im Sommer perfekt vor die Tür verlegt. Eine Hälfte Restaurant mit Schwerpunkt Service, ruhiger Atmosphäre und großzügig gestellten Tischen für den optimalen Genuss. Die andere Hälfte mit großen Tischen für viele Gäste, schnelle Getränke und leichte Küche.

Feinschmecker können zum Beispiel zwischen Seeteufel-Hummercarpaccio mit Trüffel-Dillvinaigrette, gebackenem Ziegenkäse auf marinierter roter Beete oder dem mit Mango gefüllten Rinderfilet wählen. Bei der Komposition der Gerichte bleibt das Schulbuch komplett geschlossen. Beständige Veränderung zählt eben auch für die Speisekarte: Ruczinski will das Obst zum Fleisch, das ungewohnte Gewürz zum Fisch. Wir basteln monatlich eine neue Speisekarte. Sie beinhaltet natürlich auch Klassiker, aber der Großteil wird nach nächtlichen Kreativphasen am runden Tisch der Köche neu präsentiert. „Ich bin überzeugt, das bringt den Köchen den Spaß und damit die beständige Qualität der Speisen für unsere Gäste", so Inhaber Ivo Ruczinski. Neuen Ideen gegenüber gibt er sich jederzeit aufgeschlossen. So ergänzt mittlerweile von 18 bis 19 Uhr „Abendbrot im Elbe 76" das Angebot.

Dass sich das Lokal für viele Hamburger trotz seiner versteckten Lage zum Wohnzimmer entwickelte, hat viel mit der einzigartigen Atmosphäre zu tun. Moderne Kunst ist ein großes Thema, speziell die Virtuelle mit Dia-Themenshows zu beispielsweise den 1960er Jahren, Videoanimationen, Photoausstellungen. Das Personal, das – wie er hofft – gerne mit ihm in seinem Wohnzimmer arbeitet und die Musik tragen das Projekt Elbe76. Die Hitparade gibt's hier nicht, markiert Ruczinski, dafür Indie-Rock, Songwriter, Raggae je nach Tageszeit und Stimmung. Daran, so macht er unmissverständlich klar, wird sich so bald nichts ändern. Konstanten brauchen wir schließlich alle in unserem Leben.

ELBE76
Inhaber: Ivo Ruczinski
Bismarckstraße 60
20259 Hamburg
Telefon: 0 40/400 235

Juli Eimsbüttel

Nicole Conrad und Samira Sinjab lieben Sixties-Look und Retro-Chic, gemütliches Lounging und entspanntes Relaxen. Sie mögen tiefrote Tapeten, Stofflampen im Sixtieslook und alte Designermöbel wie von Charles Eames. Das „Juli" ist ihre bevorzugte Location. Da fügt es sich gut, dass sie selbst die Inhaberinnen sind. „Wir haben alles genau so eingerichtet, wie wir uns wohlfühlen", sagt Nicole Conrad. Der eigene Geschmack war und ist die Richtschnur. Glücklicherweise liegt das Duo damit voll im Trend. Nicht nur bei den Bewohnern des Schanzenviertels, wo das „Juli" seinen Platz gefunden hat, feiern die Sechziger ein fröhliches Comeback.

Der „Juli"-Erfolg ist das Ergebnis einer flexiblen Planung und der Unbefangenheit der beiden Chefinnen. „Ursprünglich wollten wir ja nur ein kleines Café haben", erinnert sich Nicole Conrad. Dann aber kam alles ganz anders: „Heute versuchen wir einen Spagat zwischen Café, Bar und Restaurant." Heißt im Klartext: Für Morgengäste stehen sieben ausgefeilte Frühstücksarrangements bereit, zur Mittagszeit (bis 17 Uhr!) liefert die Küche zwischen drei und fünf Gerichte, dazu Suppen und Salate. Das Angebot reicht von vegetarischen Frühlingsröllchen oder Tandoori-Huhn bis zu Grünkohl oder Königsberger Klopsen. Ab 18 Uhr servieren die „Juli"-Köche Leckeres von der Abendkarte, etwa gebratenes Lammfilet auf Mozzarella, Oliven und Kirschtomaten oder Hirschpfeffer mit Spätzle und Rosenkohl. Für die kleinen Hungermomente zwischen den Mahlzeiten ist mit Quiches und Kuchen ebenfalls vorgesorgt.

Bekanntlich aber besteht das Leben aus mehr als nur aus Essen. Zum Beispiel aus Trinken. Nicole Conrad blättert durch die Karte: Los geht's mit Kaffee, Schokolade, Milch und Tees, es folgen Limonaden, Säfte, Smoothies und Wellness-Getränke.

Nach der durchaus beeindruckenden Palette an Bier, Spirituosen und Weinen landen wir bei der wichtigsten Station unserer kleinen Rundfahrt, den Cocktails. Man muss sich ja schließlich nichts vormachen: Lieblings-Locations zeichnen sich vor allem durch ein feines Sortiment exotischer Mixgetränke aus. Experimente müssen gar nicht sein, gefragt sind vor allem die Klassiker. Natürlich der Sex on the Beach, der Mojito, der Mai Tai oder der Planter's Punch. Die „Juli"-Barcrew besteht die Prüfung mit Auszeichnung. Ob allerdings in den Sixties schon nach alkoholfreien Cocktails verlangt wurde? Egal. Wer auf die Prozente verzichten möchte, ordert Safer Sex, Mosquito oder Shirley Temple.

Wofür stehen die Sechziger noch? Natürlich für Musik. Für den geschmackssicheren Mix steht unter anderem das Team vom befreundeten Plattenladen „Pop". In der Anhörstation stellt es alle 14 Tage fünf neue CDs zum Hören und Kaufen bereit. Und jeden Freitagabend präsentiert DJ Milan East seinen ganz persönlichen Soundtrack zum Leben. Es sind diese kleinen Extras, die dem „Juli" Sympathien bescheren. „Die Leute wissen es zu schätzen, wenn man sich Gedanken macht und den Details Aufmerksamkeit widmet", sind sich Nicole Conrad und Samira Sinjab vollkommen sicher.

Juli
Inhaberinnen: Nicole Conrad & Samira Sinjab
Schulterblatt 114
20357 Hamburg
Telefon: 0 40/432 146 96

Panter Cafébarkitchen St. Pauli

Reggae, Hiphop und eine gehörige Portion Electro-Beats – mitten in St. Pauli gibt es schon am frühen Morgen die angesagtesten Sounds auf die Ohren. „Musik spielt eine sehr große Rolle in diesem Laden", sagt Jan Schulze. Einen 24-Stunden-Discjockey kann sich der Inhaber des „Panter" nicht leisten, also jagt er unablässig die Rhythmen internationaler Webradios durch die Boxen. Das verleiht dem Lokal einen schönen eigenständigen Charakter.

Schulze hat schließlich den Anspruch, stets ein guter Gastgeber zu sein. Für viele Stammgäste stellt die skurrile Bar in Rufweite des Millerntor-Stadions so etwas wie ihr heimliches Wohnzimmer dar. Ambiente und Angebot tragen dazu entscheidend bei. An den Wänden hängen großformatige Drucke aus eigener Produktion. Als Sitzgelegenheiten dienen ausrangierte Turngeräte, und im Ausschank gibt's unter anderem Hamburgs beliebte Szenebrause „Fritz-Kola". Mit famosen 88,3 Milligramm Koffein in der 0,33-Literflasche – dem überhaupt höchsten zulässigen Wert – rinnt sie gut durch die Kehle durstiger Besucher. Schulzes Lokal gehörte zu den ersten, die den neuen, von zwei ehemaligen Studenten kreierten Drink auf die Karte genommen haben.

Auch sonst beweist man hier gerne seinen guten Riecher für Trends. So zählten die Spezialitäten der italienischen Kaffeepalette bereits zu den Favoriten, als sie andernorts noch ein Schattendasein fristeten. Die Bohnen stammen vom sardischen und in Deutschland bislang kaum vertretenen Hersteller La Tazza d'Oro, der Kenner in höchsten Tönen schwärmen lässt.

Ähnlich verhält es sich mit den schmackhaften Panter-Panini, den, wie viele Gäste meinen, „leckersten der Stadt". Ihr Geheimnis, so Schulze: „Nur beste Zutaten und selfmade." Gleiches gilt für die anderen Speisen wie Suppen und Pastagerichte, die für die flüssige Nahrung eine überzeugende feste Grundlage schaffen sollen.

Panter Cafébarkitchen
Inhaber: Jan Schulze
Marktstraße 3
20357 Hamburg
Telefon: 0 40/43 62 18

Café Hensel St. Pauli

Darüber, dass das Herz von St. Pauli auf der Reeperbahn schlägt, herrscht in Hamburgs berühmtestem Stadtteil weitestgehend Einigkeit. Wo aber ist das Quartier am schönsten? Nicht wenige meinen, am Hein-Köllisch-Platz: nah an Kiez, Golden-Pudel-Club und Hafen gelegen, dennoch von vergnügungssüchtigen Touristen einigermaßen verschont. Wer hier wohnt, hat ein eher entspanntes, unaufgeregtes Verhältnis zu seinem Viertel und nimmt das Leben gerne so, wie es ist – eine abenteuerliche Gratwanderung zwischen Müßiggang und Party.

Der beste Platz dafür ist das „Café Hensel", so benannt nach seinem Besitzer Peter Hensel. Der hat direkt gegenüber der St. Pauli-Kirche eine alte Seemannskneipe entrümpelt und wiederbelebt, dabei aber tapfer der Versuchung widerstanden, eines dieser charakterlosen und austauschbaren Dutzendbistros aus der Retorte zu schaffen. Das „Hensel" ist eher kuschelig dunkel als hell, eher halb als ganz fertig – und genau darum erfreut es sich in Rufweite zur Reeperbahn so großer Beliebtheit. Besonders wenn hier die Partyglocke läutet, dann kocht die Stimmung hoch.

Und gefeiert wird hier oft und gerne. Dazu trägt – was Wunder – die klug bestückte Getränkekarte in erheblichem Maße bei. „Wir legen großen Wert auf ein vielseitiges und hochwertiges Angebot", betont Inhaber Peter Hensel. Neben den gewohnten Bieren fließen auch Rothaus Tannenzäpfle, Baltika aus St. Petersburg und Krusovice durch die Kehle. Whiskey-Kenner erfreuen sich am 18 Jahre alten Glenlivet und am vergleichsweise jungen Ardberg. Cocktailfans streichen sich den ersten und dritten Mittwoch im Monat an, wenn Mixmeister Benny Braun schüttelt und rührt.

Frühstück sogar bis nach Mitternacht, Kuchen am Nachmittag und warme Köstlichkeiten rund um die Uhr – die „Hensel-Crew" erfüllt ebenso die Wünsche nach fester Nahrung: Highlights sind etwa der leckere sizilianische Kartoffelsalat, große und kleine Antipasti-Teller, Schafskäse mit Ruccola, marinierte Kichererbsen und Artischocken-Tomaten-Zuckerschoten. Man sieht also: Vielfalt ist alles! Denn nur wer gut gegessen hat, kann anschließend gut trinken. Und umgekehrt.

Café Hensel
Inhaber: Peter Hensel
Antonistraße 4
20359 Hamburg
Telefon: 0 40/401 349 65

Auch was fürs Auge

Funktionell soll sie sein, aber auch schick. Charme und Leichtigkeit soll sie haben, dabei Eleganz und Souveränität ausstrahlen. Irgendwie eine Mischung aus altenglischem Landhausstil und asiatisch anmutendem Purismus. Omas Tellerborde wären schön, aber auch verchromte Griffe an den Türen. Am Küchendesign streiten sich die Geister – und dennoch sehen viele private Kochstuben so aus, als habe sich nie jemand ernsthaft mit ihrer Gestaltung und Ausstattung befasst.

Nein, es müssen nicht die modernsten Gerätschaften und die kostspieligsten Accessoires sein. Das Tausende Euro teure, vierzigteilige Topfset sorgt noch lange nicht dafür, dass die darin zubereitete Mahlzeit tatsächlich schmeckt. Wer wirklich etwas vom Kochen versteht, kommt auch mit zwei Töpfen und einer Pfanne aus. Wichtig sei, so sagt Küchendesignerin Gabriela Lohmeyer aus Bockel, dass eine Küche auf die darin arbeitenden Menschen zugeschnitten ist – und zwar stilvoll und in Maßanfertigung. Am häufigsten entscheiden sich Küchenkäufer übrigens trotz aller Trendfarben immer noch für weiße Möbel. Auf keinen Fall solle man es mit Effizienz und Funktionalität übertreiben. Das sinnliche Erlebnis stehe hier schließlich im Vordergrund.

Dieses Kriterium sollte auch bei der Auswahl der Maschinen ebenso wenig vernachlässigt werden wie das

kritische Hinterfragen der eigenen Konsumwünsche. Wer nur Toasts isst, braucht sicher keinen Brotbackautomaten. Andererseits können die richtigen Messer entscheidend zum Gelingen eines Menüs beitragen. Für Wohlbefinden und einen Touch von italienischer Lebensart in den vier Wänden sorgen Espressomaschinen. Dafür gibt es indes so viele unterschiedliche Modelle, dass Laien ohne Beratung vollkommen aufgeschmissen sind, verrät Rolf Jehring vom Hamburger Küchenausstatter „Cucinaria".

Manchmal sind es gerade die ungewöhnlichen Dinge, die einer Küche Charakter verleihen. Kleine Mitbringsel vom Flohmarkt, nützliche Extras, die gleich auch noch dem Auge Freude bereiten. Oder intelligente Lösungen für die Stauraumproblematik. Stets wird über fehlenden Platz geklagt, doch ans Aussortieren wurde noch kein Gedanke verschwendet. Dabei geht das ganz einfach. Man muss nur die richtigen Antworten finden: Warum steht der so selten verwendete Tischgrill neben den Tellern? Wer braucht wirklich 38 Saftgläser und 42 Kaffeebecher? Gehören Bierkisten und Katzenfutter nicht in den Keller? Ist die Küche verstopft, verliert man nicht nur schnell den Überblick, sondern alsbald auch den Spaß am Kochen. Wer will schon ewig nach Salzvorrat oder Geflügelzange suchen? Und eine Freude fürs Auge ist das Chaos rund um Herd und Spüle auch nicht gerade.

HAMBURG

Die Wohngeschwister St. Pauli

Solch ein Wohnzimmer wünscht man sich. 600 Quadratmeter! Wahnsinnig groß. Und doch immer noch zu klein. Denn Birgit, Carsten und Dag Lübkes Wohnzimmer bietet kaum noch ein freies Eckchen. Tische, Sofas und Stühle werden ebenso liebevoll präsentiert wie Geschirr und Töpfe, Accessoires und nützlicher Kleinkram. Ein steinerner Buddhakopf thront auf einer weißen Kommode im Landhausstil, neben dem verspielt anmutenden dänischen Küchenbüffet hängen elegante Kronleuchter. Nur wenige Schritte weiter beginnt die asiatische Abteilung mit allem, was einen fernöstlichen Abend erst rund macht.

„Bei uns finden Sie immer etwas – und wenn es auch nur Anregungen für die Gestaltung Ihres Zuhauses sind", verspricht Dag Lübke seinen Kunden. Er ist ein Drittel der „Wohngeschwister". Sozusagen der kreative Vordenker des Trios, das im Frühjahr 2005 in der früheren Steinway-Pianofabrik im Schanzenviertel den Jägern, Sammlern und Entdeckern des neuen Wohnspaßes ein Revier geschaffen hat. Hier gibt es all die Dinge, die das Leben in den eigenen vier Wänden schöner machen, die Wohlgefühl bescheren und die Phantasie anregen. Dekoration und Angebot sind eins. Alles, was man sieht, kann tatsächlich gekauft werden. Dabei ist nichts beständiger als der Wandel. Ständig kommen neue Artikel dazu, die meisten aus skandinavischer Produktion. Wird ein Tisch verkauft, müssen die Dinge, die bisher darauf präsentiert wurden, einen neuen Platz finden. „Einrichten ist ein ständiges Austauschen oder Hinzufügen von Einzelteilen", sagt Dag Lübke. Wie seine Schwester und sein Bruder orientiert er sich bei der Auswahl an Moden und Trends – indes ohne ihnen allzu dogmatisch zu folgen. Wichtigstes Ziel: Keine Langeweile aufkommen lassen.

Von den unzähligen Geschenkeläden und den exklusiven Design-Stores trennen die „Wohngeschwister" Welten. Das liegt zum einen an der hohen Qualität der angebotenen Produkte, zum anderen an der Atmosphäre in der riesigen Halle. Massenbetrieb ist nicht vorgesehen, stattdessen steht individuelle Beratung auf dem Programm. Wer mag, kann stundenlang in den Gängen herumstöbern, Ideen aufgreifen, nachfragen oder die Dinge so miteinander kombinieren, wie es gefällt. Ausdrücklich gilt: Anfassen und Ausprobieren erlaubt. So wird der Einkaufsbummel zu einem sinnlichen Erlebnis, bei dem sich niemand zum Kauf gedrängt fühlen soll.

Ein zusätzliches Plus ist das wohldurchdachte Servicekonzept. Tische können nach exakten Maßen bestellt, individuelle Einzelstücke besorgt und geliefert werden. Im Frühjahr 2006 erweitern die „Wohngeschwister" zudem ihre Ladenfläche, um fortan auch Betten, Schaumstoffpolster und Matratzen anbieten zu können. Im Außenbereich sind dann auch Gartenmöbel zur Besichtigung und zum Kauf freigegeben. Wer vom vielen Hingucken müde wird, kann sich bei den „Café-Geschwistern" mit Frühstück, Mittagstisch, Paninis und Kaffee stärken. Samstags mutiert das „Wohnzimmer der Schanze" (Dag Lübke) dann regelmäßig zur gemütlichen Lounge. Die DJs Marek und Nora bieten den entspannten Soundtrack zum Shopping-Spaß. Für ihr Mischpult findet sich auf diesen 600 Quadratmetern dann doch noch ein Plätzchen.

Die Wohngeschwister
Inhaber: Lübke GmbH
Schanzenstraße 34–36 (im Hof)
20357 Hamburg
Telefon: 0 40/636 57 590
Telefax: 0 40/636 57 591

Cucinaria Eppendorf

Erst erfasste er die Besucher der modernen Coffee-Bars, nun schwappt der Espresso-Boom auch in Büros und Privatwohnungen. Allein 2005 wurden in Deutschland vom „kleinen Schwarzen“ deutlich mehr als 15.000 Tonnen verkauft. Aus den Bohnen aber genau jenen Muntermacher zu zaubern, der schmeckt wie im Café, ist eine Wissenschaft für sich. Kaum jemand versteht davon so viel wie „Cucinaria“-Chef Rolf Jehring. „Entscheidend ist die Zubereitung“, stellt er klar. Und dabei spielt die Wahl der richtigen Maschine die Hauptrolle.
Mehr als 60 unterschiedliche Modelle führt der Hamburger in seinem Spezialgeschäft für Küchengeräte und Kochaccessoires in Eppendorf. Das Angebot reicht von den klassischen Standardvarianten für etwas mehr als 200 Euro bis hin zu jenen edlen Apparaturen, für die Liebhaber bereit sind, ein kleines Vermögen hinzublättern. Jehring nimmt sich viel Zeit, Interessenten die jeweiligen Vorzüge und Nachteile zu erläutern. „Beraten heißt eben gegebenenfalls auch abraten“, betont er. Es bringe ja nichts, einem Gelegenheitsgenießer ein teures Gerät zu empfehlen, das dann die meiste Zeit unbenutzt im Regal stehe. Für seine Kunden, so unterstreicht der Küchenprofi, übernehme er Verantwortung: „Wir streben eine langfristige Partnerschaft an.“
Was für Espressomaschinen gilt, ist auch Grundsatz bei Kühlschränken, Geschirrspülern und Herden. Bei Woks, Spargelschälern und Butterdosen. „Cucinaria“ ist ein perfekt geordneter Tummelplatz für all jene Utensilien, die das Kochen schöner, einfacher und liebenswerter machen. „Die Ansprüche in den Küchen sind deutlich gestiegen“, weiß Rolf Jehring. Ohne das richtige Equipment geht fast nichts mehr. Wer sich heute für neue Messer interessiert, fragt gerne gleich nach asiatischen Sashimi-Sets. Und statt nach billigen Blechpfannen wird verstärkt nach hochwertigen Sauteusen verlangt. Das sei keineswegs immer eine Frage des Geldes oder gar des Markennamens, sondern meistens das Bekenntnis zu Qualität und zugleich eine Entscheidung für den guten Geschmack.
Beim Bummel durch die Gänge erwachen Träume zum Leben. Die Kochbücher-Galerie regt zum Schmökern an, durch die Regale mit dem Backzubehör weht der verführerische Duft selbstgebackener Kekse. Insgesamt präsentiert Jehring in der „Cucinaria“-Halle mehr als 6000 Artikel – das wohl umfangreichste Sortiment rund ums Kochen in ganz Europa. Um seine Kunden über das Geschehen auf dem Laufenden zu halten, gibt er jeden Monat die aufwändig gestaltete „Gazzetta Cucinaria“ heraus.
Am Eingang lädt eine italienische Bar zum Verweilen ein. Hier lassen sich die Profis bei der Espresso-Zubereitung über die Schulter schauen. Eine noch intensivere Schulung bietet Rolf Jehring auf seinen Espresso-Seminaren an. Die Teilnehmer lernen hier sogar die hohe Kunst des Milchaufschäumens. Die „Gazzetta“ verweist darüber hinaus auf die Termine regelmäßiger Kochkurse. Dabei geht es etwa um die korrekte Zubereitung eines Thaimenüs oder die Geheimnisse der traditionellen sizilianischen Küche. Diese Workshops erfreuen sich regen Zulaufs. Schließlich nützen selbst die besten Geräte nichts, wenn man nicht weiß, was und wie man mit ihnen kochen kann.

Cucinaria
Inhaber: Rolf Jehring
Straßenbahnring 12
20251 Hamburg
Telefon: 0 40/432 907 07
Telefax: 0 40/432 907 09

Spicy's Gewürzmuseum Speicherstadt

Die Ernte ist mühselig. Lediglich drei rote Fruchtblätter enthält die Blüte des crocus sativus. Diese süßlich-aromatisch duftenden Stempelfäden müssen vorsichtig per Hand herausgezupft und getrocknet werden. Um ein Kilogramm auf die Waage zu bringen, benötigt man weit mehr als 100.000 Blüten. Kein Wunder, dass der vorwiegend im Iran angebaute Safran als kostbarstes Gewürz der Welt gilt und lange Zeit sogar teurer als Gold gehandelt wurde. Sein Geschmack ist bitter-scharf, viele Speisen verfärben sich bei geringster Dosierung goldgelb. „Aber Vorsicht: Touristen werden häufig Fälschungen angeboten", warnt Viola Vierk.

Die frühere Gewürzhändlerin weiß so gut wie alles über Safran, Kardamon, Curry und ihre süßen, bitteren und scharfen Brüder und Schwestern: Woher sie kommen und wie sie verarbeitet werden, wozu sie passen und wie sie wirken. Seit 1993 ist sie der kreative Kopf hinter „Spicy's", dem einzigen Gewürzmuseum rund um den Globus. Mehr als 130.000 wissbegierige Gäste darf sie im Jahr begrüßen. Statt einer Eintrittskarte bekommt jeder von ihnen zur Begrüßung ein kleines Pfeffersäckchen ausgehändigt.

Die wunderbare Welt des Würzens offenbart sich den Besuchern in einem alten Gebäude in der Speicherstadt. Kaum haben sie die Tür zum zweiten Boden geöffnet, steigt betörender Duft in die Nase. Rund 900 Exponate aus fünf Jahrhunderten – alle persönlich von Viola und Ingo Vierk herbeigeschafft – sind ausgestellt, darunter alte Waagen, Mühlen und Erntegeräte. Kleine Tafeln informieren über den Weg der Gewürze vom Anbau bis zum Verkauf. Von 50 Kräutern und Gewürzen lässt sich eine Riechprobe nehmen.

„Riechen, schmecken und anfassen" lautet die Devise, sagt die Museumschefin. Die Deutschen hält sie zwar für „gewürzfaul", doch ein deutlicher Trend zu Individualität und zum persönlichen Geschmack sei erkennbar. „Dafür sind Gewürze doch bestens geeignet."

Neben der Dauerausstellung zeigt das „Spicy's" in jährlich vier Sonderschauen spezielle Aspekte des Themas. So wird die heilende Wirkung von Gewürzen ebenso vorgestellt wie die aphrodisierende. Auch Lesungen, Kochabende und Führungen durch die historische Speicherstadt stehen auf dem Programm. „Wir sind eben viel mehr als ein Museum", schmunzelt Viola Vierk.

Spicy's Gewürzmuseum
Inhaber: Viola Vierk
Am Sandtorkai 32
20457 Hamburg
Telefon: 0 40/36 79 89
Telefax: 0 40/36 79 92

Sweet Suburbia Ottensen

Der Union Jack in seiner ganzen Vielfalt: Ob auf Fußmatte, Regenponcho oder Teebecher, das Sortiment hält einiges bereit. Damit allerdings haben wir die Klischee-Abteilung von „Sweet Suburbia“ auch schon durchquert. In dem 2003 von ihr eröffeneten „Mini-Harrods“ sorgt Sandra Peters für ein originelleres und originäreres Angebot: Designer-Mode und Kosmetika ebenso wie obskure Geschenkartikel, Saatgut und Lebensmittel, alles handverlesen von den britischen Inseln.

„Während man auf dem Kontinent heute in vielen Ländern identische Produkte im Supermarkt findet, haben sich die Briten ihren landestypischen, oft durch die Kolonialvergangenheit geprägten Geschmack bewahrt“, sagt die Hamburgerin. Manches mutet durchaus merkwürdig an, findet aber dennoch glühende Verehrer. Very british sind etwa Kartoffelchips mit Essiggeschmack, Cadbury-Schokolade und Mint-Sauce.

Beim Einkaufsbummel im Laden kreuzen auch Coleman's-Senf, Seville Orange Marmelade oder Self Raising Flour, ein küchenfertiges Mehl, dem vom Hersteller bereits Backpulver beigegeben wurde, den Weg. Einzigartig ist das köstliche Angebot an Brotaufstrichen, Chutneys und Marmeladen aus Yorkshire. Schon mal süße Zwiebelmarmelade auf dem Frühstückstisch gehabt? Red Tomato and Chili Jam? Oder Marmite, diesen salzigen Aufstrich aus Hefe-Extrakt? „Man muss es probieren“, rät die Chefin von „Sweet Suburbia“. Bier, Kekse, Whiskey, Yorkshire Tea – wer mag, kann seine Ernährung beinahe komplett auf die britische Lebensart umstellen und sich gleich auch noch entsprechend einkleiden. Englische Mode ist bekannt für ihre Eigenwilligkeit.

Sie ignoriert gerne auch mal Konventionen, berichtet Sandra Peters. Speziell das Farbempfinden der Inselbewohner sei – „vorsichtig ausgedrückt“ – anders: „Es kann durchaus ein rosa Hemd zur gelben Hose getragen oder etwas Grelles mit etwas äußerst Konservativem kombiniert werden, auch in seriöseren Kreisen.“ Am Ende zähle nur individueller Stil, Charakter und Persönlichkeit, die sich über das Outfit ausdrücken: „Da gibt es die herrlichsten Mischungen.“

Sweet Suburbia
Inhaberin: Sandra Peters
Eulenstraße 49
22765 Hamburg
Telefon: 0 40/421 026 40
Telefax: 0 40/421 026 41

Die Wohnkueche Fuhlsbüttel

Fuhlsbüttel, ein Stadtteil, den ganz Deutschland vorwiegend als Standort des Hamburger Flughafens kennt. Nicht weit entfernt, am Zugang des Alstertaler Wanderweges, geht es um einiges gemütlicher als am Airport zu. Dort, wo sich Woermannsweg und Ratsmühlendamm treffen, führt Marcus Schnürer seit Anfang 2004 eines der ungewöhnlichsten Cafés im Norden der Republik. Ein Unikat.

Wer nur kurz durch die Schaufenster hinein blickt, könnte es zunächst für einen im englischen Landhausstil eingerichteten Möbelladen halten. An den Stühlen hängen kleine, von Hand beschriebene Preisschilder, auch an den Tischbeinen pendeln Bändchen mit Etiketten. „Alles, was man hier sieht, kann man kaufen", lautet die simple Erklärung des gelernten Konditoren Schnürer. Also eben auch Tassen, Accessoires und natürlich die schmucken Holzmöbel. Sie stammen aus dem von Steffen Haack geführten Eppendorfer Geschäft „Lieblingszimmer" und geben der „Wohnkueche" ihr spezielles Flair. So wie hier, darin sind sich Betreiber und Besucher einig, hat man's gerne, wenn Oma zum sonntäglichen Kaffee- und Kuchengenuss einlädt.

In der „Wohnkueche" gibt es diese Atmosphäre freilich jeden Nachmittag. Die Wände sind dezent graublau gestrichen, Dekoration wird nur sparsam eingesetzt. Schnürer vertraut lieber auf die Wirkung der Tische und Stühle, weicher Kissen auf den Fensterbänken und schließlich auf seinen größten Trumpf: den selbst gebackenen Kuchen.

Dass sich Käsekuchen in Norddeutschland großer Beliebtheit erfreut, weiß man ja. Aber dieser schlägt jede Konkurrenz locker aus dem Feld. „Die Gäste bezeichnen ihn als fluffig, das ist das höchste Lob", freut sich der Konditor, der über ein bemerkenswertes Händchen für die richtige Mixtur aus Tradition und Moderne verfügt und auf Frische und Qualität der Zutaten größten Wert legt. Fragen nach dem Rezept seiner Leckereien beantwortet er jedoch stets mit einem Kopfschütteln. Immerhin: Beim Käsekuchen, so verrät er, verzichte er auf die Rosinen.

Hoch im Kurs stehen zudem die portugiesischen Natas und die mit den Früchten der Saison phantasiereich belegten Blechkuchen. Sonntags bietet Marcus Schnürer „als Highlight der Woche" außerdem seinen Schokoladenkuchen an. Dazu wird Kaffee, Tee oder Kakao ausgeschenkt – in sämtlichen denkbaren Variationen.

Die „Wohnkueche" ist eine Oase des Wohlbehagens und bietet ideale Möglichkeiten für den Rückzug aus dem Alltag. Etliche Besucher nutzen das skurrile Café etwa als Zwischenstopp auf ihren Spaziergängen.

Andere genießen es, sich in die vermeintlich so „gute, alte Zeit" zurückversetzen zu lassen. Er höre „immer wieder, wie sehr sich die Leute etwas mit einem leicht nostalgischen Touch wünschen", sagt Schnürer. Dabei kommt es regelmäßig zu generationsübergreifenden Begegnungen: Während vor den Schaufenstern junge Mütter ihre Kinderwagen parken, um sich mit einem Latte Macchiato zu stärken, fragt am Tresen eine Dame aus der Generation der Großmütter nach ihrem täglichen Stück Rhabarberkuchen. Und gelegentlich nimmt sie für ihre Enkel noch ein Beutelchen Kekse mit.

Die WohnKUECHE
Inhaber: Marcus Schnürer
Woermannsweg 20
22335 Hamburg
Telefon: 0 174 – 644 77 90

Kulinarische Empfehlungen

Bäckerei Hönig 48
Ordulfstraße 2
22459 Hamburg
Telefon: 0 40/58 16 27
Telefax: 0 40/58 42 93
Email: info@baeckerei-hoenig.de
www.baeckerei-hoenig.de

bagel station Hamburg GmbH 126
Schauenburger Straße 55–57
20095 Hamburg
Telefon: 0 40/360 981 96
Telefax: 0 40/360 981 97
Email: hamburg@bagelstation.com
www.bagelstation.com

Bären-Treff 96
Bahrenfelder Straße 113
22765 Hamburg
Telefon: 0 40/399 068 45
Telefax: 0 40/399 068 46
Email: hamburg@baeren-treff.de
www.baeren-treff.de

Becking AG Kaffee-Versandhaus 22
Leverkusenstraße 54 (I)
22761 Hamburg
Telefon: 0 40/851 92 83
Telefax: 0 40/851 92 859
Email: info@becking-kaffee.de
www.becking-kaffee.de

Bioladen Manna 95
Osterstraße 83
20259 Hamburg
Telefon: 0 40/401 957 00
Telefax: 0 40/401 957 10
Email: manna@hansenet.de

Burgs Kaffeerösterei 18
Eppendorfer Weg 252
Museum: Münsterstraße 23–25
20251 Hamburg
Telefon: 0 40/422 11 72
Telefax: 0 40/420 57 08
Email: info@kaffeeroesterei-burg.de
www.kaffeeroesterei-burg.de

Café Canale 86
Poelchaukamp 7
22301 Hamburg
Telefon: 0 40/270 01 01

Café Casero 67
Eppendorfer Weg 281
20251 Hamburg
Telefon: 0 40/480 969 96
Email: toni-toni@gmx.de

Café du passage 70
Lattenstieg 4
22299 Hamburg
Telefon: 0 40/51 50 70
www.café-du-passage.de

Café Gnosa 64
Lange Reihe 93
20099 Hamburg
Telefon: 0 40/243 034
Telefax: 0 40/243 490
Email: info@gnosa.de
www.gnosa.de

Café Hensel 153
Antonistraße 4
20359 Hamburg
Telefon: 0 40/401 349 65
Email: info@cafe-hensel.de
www.cafe-hensel.de

Caffe' 42 66
Mühlenkamp 42
22303 Hamburg
Telefon: 0 40/278 806 42
Telefax: 0 40/278 806 41
www.caffe42.de

Café Rado 78
Große Elbstraße 38
22767 Hamburg
Telefon: 0 40/401 322 97
Email: info@cafe-rado.de
www.cafe-rado.de

Café Theatre 72
Gaußstraße 190
22765 Hamburg
Telefon: 0 40/306 034 22
Email: info@restaurant-cafe-theatre.de
www.restaurant-cafe-theatre.de

Café Veloso 76
Amsinckstraße 20
20259 Hamburg
Telefon: 0 40/689 922 63
Telefax: 0 40/689 922 63
Email: info@cafe-veloso.de
www.cafe-veloso.de

Carlos Coffee 27
Osterstraße 83
20259 Hamburg
Telefon: 0 40/432 081 23
Telefax: 0 40/432 081 24
Email: hbarghorn@yahoo.de
www.carlos-coffee.de

Carroux Kaffeerösterei 30
Elbchaussee 585
22587 Hamburg
Telefon: 0 40/800 505 91
Telefax: 0 40/800 505 92
Email: info@carroux.de
www.carroux.de

Cha Chá 124
Große Bleichen 16
20354 Hamburg
Telefon: 0 40/822 287 080
Telefax: 0 40/822 287 088
Email: info@eatchacha.com
www.eatchacha.com

Chilli Club 116
Am Sandtorkai 54
20457 Hamburg
Telefon: 0 40/357 035 80
Telefax: 0 40/357 030 99
Email: info@chilliclub.de
www.chilliclub.de

Coffee Unlimited & Spoon's 34
Hammerbrookstraße 75
20097 Hamburg
Telefon: 0 40/236 869 68
Telefax: 0 40/236 868 18
Email: info@coffee-unlimited.de
www.coffee-unlimited.de
Email: info@spoon-s.de
www.spoon-s.de

Compagnie Coloniale GmbH & Co. KG 92
Mönckebergstraße 7 (Levantehaus)
20095 Hamburg
Telefon: 0 40/325 265 15
Telefax: 0 40/325 265 13
Email: info@comcol.de
www.compagnie-coloniale.de

Cucinaria 160
Straßenbahnring 12
20251 Hamburg
Telefon: 0 40/432 907 07
Telefax: 0 40/432 907 09
Email: info@cucinaria.de
www.cucinaria.de

Das Feuerschiff 146
Vorsetzen
20459 Hamburg
Telefon: 0 40/362 553
Telefax: 0 40/362 555
Email: LV13@das-feuerschiff.de
www.das-feuerschiff.de

Das weiße Haus 122
Neumühlen 50
22763 Hamburg
Telefon: 0 40/390 90 16
Telefax: 0 40/390 87 99
Email: info@das-weisse-haus.de
www.das-weisse-haus.de

Der Kaufmannsladen 105
Völckersstraße 6
22765 Hamburg
Telefon: 0 40/490 47 92
Telefax: 0 40/490 47 92
Email: shop-info@kaufmannsladen.de
www.kaufmannsladen.de

Der Keksbäcker 52
Sorthmannweg 10
22529 Hamburg
Telefon: 0 40/56 25 87

Telefax: 0 40/560 50 06
Email: info@der-keksbaecker-hamburg.de
www.der-keksbaecker-hamburg.de

Die Ständige Vertretung 138
Stadthausbrücke 1–3
20355 Hamburg
Telefon: 0 40/3600 6001
Email: hamburg@staendigevertretung.de
www.staev.com

Dethlefsen & Balk GmbH 100
Hermann-Wüsthof-Ring 16
21035 Hamburg
Telefon: 0 40/731 07 30
Telefax: 0 40/731 073 20
Email: info@dethlefsen-balk.de
www.dethlefsen-balk.de

Die Rösterei 20
Mönckebergstraße 7/Levantehaus
20095 Hamburg
Telefon: 0 40/303 937 35

Die Wohngeschwister 158
Schanzenstraße 34–36 (im Hof)
20357 Hamburg
Telefon: 0 40/636 57 590
Telefax: 0 40/636 57 591
Email: info@die-wohngeschwister.de
www.die-wohngeschwister.de

Die WohnKUECHE 164
Woermannsweg 20
22335 Hamburg
Telefon: 0 174/644 77 90
Email: info@diewohnkuechehh.de
www.diewohnkuechehh.de

ELBE76 148
Bismarckstraße 60
20259 Hamburg
Telefon: 0 40/400 235
Email: info@elbe76.de
www.elbe76.de

Esszimmer 90
Eppendorfer Weg 73
20259 Hamburg
Telefon: 0 40/890 069 00
Email: info@esszimmer-hamburg.de
www.esszimmer-hamburg.de

Gloria Cafébar 145
Bellealliancestrasse 31–33
20259 Hamburg
Telefon: 0 40/432 904 64
Telefax: 0 40/432 520 75
Email: info@gloriabar.de
www.gloriabar.de

Hadley's 75
Beim Schlump 84a
20144 Hamburg
Telefon: 0 40/450 50 75
Email: info@hadleys.de
www.hadleys.de

Herzblut 136
Reeperbahn 50
20359 Hamburg
Telefon: 0 40/333 969 33
Telefax: 0 40/333 969 34
Email: info@herzblut-st-pauli.de
www.herzblut-st-pauli.de

IndoChine 118
waterfront + restaurant
Neumühlen 11
22763 Hamburg
Telefon: 0 40/398 078 80
Telefax: 0 40/398 078 82
Email: info@indochine.de
www.indochine.de
CoChine
bistro + bar im stilwerk
Große Elbstraße 68

Knuth 82
Große Rainstraße 21
22765 Hamburg
Telefon: 0 40/460 087 08

Konditorei Andersen 49
Wandsbeker Marktstraße 153
22041 Hamburg
Telefon: 0 40/689 46 40
Telefax: 0 40/689 464 40
Email: post@cafe-andersen.de
www.andersen-hh.de

22767 Hamburg
Telefon: 0 40/306 211 85
Telefax: 0 40/306 211 86

Inter American Coffee GmbH 32
Am Sandtorkai 4
20457 Hamburg
Telefon: 0 40/37 33 67
Telefax: 0 40/37 31 23
Email: info@iaccoffee.de
www.iaccoffee.de

Juli 150
Schulterblatt 114
20357 Hamburg
Telefon: 0 40/432 146 96
Email: info@cafebar-juli.de
www.cafebar-juli.de

Kaffeekontor 26
Schanzenstraße 14
20357 Hamburg
Telefon: 0 40/431 830 50
Email: espresso@kontorkaffee.com
www.kontorkaffee.com

Konditorei Schmidt 40
Beseler Platz 10
22607 Hamburg
Telefon: 0 40/89 39 95
Telefax: 0 40/881 695 15

Konditorei & Café Steidl 46
Rahlstedter Bahnhofstr. 12
22143 Hamburg
Telefon: 0 40/677 22 69
Telefax: 0 40/670 462 60

Konditorei Weber 42
Hellbrookstraße 61
22305 Hamburg
Telefon: 0 40/61 61 31
Telefax: 0 40/611 643 86

König & König 98
Ottenser Hauptstraße 28
22765 Hamburg

Telefon: 0 40/413 588 77
www.kkwd.de

Leonies Coffee & more 68
Alsterdorfer Straße 34
22299 Hamburg
Telefon: 0 40/467 781

Manufaktur 74
Eppendorfer Weg 231
20251 Hamburg
Telefon: 0 40/460 705 60
Telefax: 0 40/460 705 60

Oschätzchen 102
Hohe Bleichen 26
20354 Hamburg
Telefon: 0 40/350 047 80
Telefax: 0 40/350 047 81
Email: info@oschaetzchen.com
www.oschaetzchen.com

Panter Cafébarkitchen 152
Marktstraße 3
20357 Hamburg
Telefon: 0 40/43 62 18

Telefon: 0 40/430 06 33
Telefax: 0 40/430 06 30

Südhang 144
Susannenstraße 29
20357 Hamburg
Telefon: 0 40/439 00 43

Sweet Suburbia 163
Eulenstraße 49

22765 Hamburg
Telefon: 0 40/421 026 40
Telefax: 0 40/421 026 41
Email: info@sweetsuburbia.de
www.sweetsuburbia.de

Sweet Virginia 134
Bismarckstraße 10
20259 Hamburg
Telefon: 0 40/401 896 11

TH^2 62
Mühlenkamp 59
22303 Hamburg
Telefon: 0 40/278 800 80
Telefax: 0 40/278 800 81

Email: info@th2.de
www.th2.de

The Bedford Café 84
Schulterblatt 72
20357 Hamburg
Telefon: 0 40/431 884 32
Email: info@schmitt-foxyfood.de
www.schmitt-foxyfood.de

Tide – Treibholz & Feinkost 94
Rothestraße 53
22765 Hamburg
Telefon: 0 40/411 114 99
www.tide.dk

T.R.U.D.E. 140
Restaurant. Cafe. Bar.
Maurienstraße 13–15
22305 Hamburg
Telefon: 0 40/200 069 31
Telefax: 0 40/200 069 32
Email: kontakt@trude-hh.de
www.trude-hh.de

Vitalien 104
Dorotheenstraße 180
22299 Hamburg
Telefon: 0 40/467 769 01
Telefax: 0 40/467 769 03
Email: vitalien@aol.com

Witthüs 110
Elbchaussee 499 a
22587 Hamburg

Telefon: 0 40/860 173
Telefax: 0 40/867 580
Email: info@witthues.de
www.witthues.de

Xocolaterie 50
Gertigstraße 11
22303 Hamburg
Telefon: 0 40/278 077 92
Telefax: 0 40/429 398 11
Email: info@xocolaterie.de
www.xocolaterie.de

WELLMAN
Maisels Weisse

ISBN 3-86528-313-6

ISBN 3-86528-314-4

ISBN 3-86528-315-2

ISBN 3-86528-327-6

KULINARISCHE ENTDECKUNGSREISEN ...

... DURCH DIE SCHÖNSTEN URLAUBSREGIONEN

ISBN-13: 978-3-86528-343-6
ISBN-10: 3-86528-343-8

ISBN-13: 978-3-86528-341-2
ISBN-10: 3-86528-341-1

ISBN-13: 978-3-86528-333-7
ISBN-10: 3-86528-333-0

ISBN-13: 978-3-86528-322-1
ISBN-10: 3-86528-322-5

ISBN 3-86528-311-X

ISBN 3-86528-328-4

ISBN-13: 978-3-86528-321-4
ISBN-10: 3-86528-321-7

ISBN-13: 978-3-86528-323-8
ISBN-10: 3-86528-323-3

ISBN-13: 978-3-86528-342-9
ISBN-10: 3-86528-342-X
23,5 cm x 27 cm

ISBN 3-86528-303-9
23,5 cm x 27 cm

ISBN 3-86528-317-9
23,5 cm x 27 cm

ISBN 3-86528-329-2
23,5 cm x 27 cm

Im Sommer und Herbst 2006 erscheinen ...

Andreas Neubert, Lisa Wieser
Wildküche – Pfalz, Kurpfalz, Odenwald
ca. 120 Seiten, 250 Farbfotos, Rezepte und 1 Karte
ISBN-13: 978-3-86528-345-0
ISBN-10: 3-86528-345-4
€ (D) 29,90, € (A) 30,80, CHF 48,00

Magdalena Ringeling, Charles de Beaulieu
Eine kulinarische Entdeckungsreise durch Münsterland und Osnabrücker Land
ca. 200 Seiten, 350 Farbfotos, Rezepte und 1 Karte
ISBN-13: 978-3-86528-338-2
ISBN-10: 3-86528-338-1
€ (D) 29,90, € (A) 30,80, CHF 48,00

Barbara Kagerer, Thomas Nehm, Johann Scheibner
Eine kulinarische Entdeckungsreise durch München, Oberbayrische Seenlandschaft und das Altmühltal
ca. 264 Seiten, 450 Farbfotos, Rezepte und 1 Karte
ISBN-13: 978-3-86528-340-5
ISBN-10: 3-86528-340-3
€ (D) 34,90, € (A) 35,90, CHF 56,00

Katja Mutschelknaus, Christian Schneider
Eine kulinarische Entdeckungsreise durch Kärnten – vom Lesachtal zum Wörthersee
ca. 200 Seiten, 400 Farbfotos, Rezepte und 1 Karte
ISBN-13: 978-3-86528-335-1
ISBN-10: 3-86528-335-7
€ (D) 29,90, € (A) 30,80, CHF 48,00

Hans-Jörg Vogler, Gabriele Bender
Eine kulinarische Entdeckungsreise durch Westfalen
ca. 256 Seiten, 450 Farbfotos, Rezepte und 1 Karte
ISBN-13: 978-3-86528-348-1
ISBN-10: 3-86528-348-9
€ (D) 34,90, € (A) 35,90, CHF 56,00

Björn Kray Iversen
Spitzenweingüter Deutschlands
ca. 200 Seiten, 400 Farbfotos, Rezepte und 1 Karte
ISBN-13: 978-3-86528-336-8
ISBN-10: 3-86528-336-5
€ (D) 39,90, € (A) 41,10, CHF 64,00

Günther Schreiber, Gerhard Friedrich Kunz
Trends und Lifestyle in Wien und Umgebung – Besonderheiten einer Großstadt
ca. 240 Seiten, 450 Farbfotos, Rezepte und 1 Karte
ISBN-13: 978-3-86528-351-1
ISBN-10: 3-86528-351-9
€ (D) 34,90, € (A) 35,90, CHF 56,00

Martine Maurer, Lily Grynstock, Xenia Blum
Eine kulinarische Entdeckungsreise durch Wien – Internationale Küche
ca. 168 Seiten, 350 Farbfotos, Rezepte und 1 Karte
ISBN-13: 978-3-86528-350-4
ISBN-10: 3-86528-350-0
€ (D) 29,90, € (A) 30,80, CHF 48,00

Silke Martin, Rainer Kussler
Eine kulinarische Entdeckungsreise durch das Bergische und Oberbergische Land, Siegerland und Sauerland
ca. 200 Seiten, 400 Farbfotos, Rezepte und 1 Karte
ISBN-13: 978-3-86528-347-4
ISBN-10: 3-86528-347-0
€ (D) 29,90, € (A) 30,80, CHF 48,00

Roland Spoerri, Björn Kray Iversen
Eine kulinarische Entdeckungsreise durch Zürich und Umgebung
ca. 176 Seiten, 350 Farbfotos, Rezepte und 1 Karte
ISBN-13: 978-3-86528-346-7
ISBN-10: 3-86528-346-2
€ (D) 29,90, € (A) 30,80, CHF 48,00

Christiane Freuck, Kurt Ries, Gabriele Walter
Eine kulinarische Entdeckungsreise auf Rügen und Usedom
ca. 176 Seiten, 350 Farbfotos, Rezepte und 1 Karte
ISBN-13: 978-3-86528-349-8
ISBN-10: 3-86528-349-7
€ (D) 29,90, € (A) 30,80, CHF 48,00

Alle Titel erhalten Sie bei Ihrer örtlichen Buchhandlung. Für weitere Informationen über unsere Reihe wenden Sie sich direkt an den Verlag:

UMSCHAU

Neuer Umschau Buchverlag | Theodor-Körner-Straße 7 | 67433 Neustadt/Weinstraße
Telefon 0 63 21/877-852 | Telefax 0 63 21/877-859
e-mail: info@umschau-buchverlag.de | www.umschau-buchverlag.de

Impressum

Layout und Satz:
Tischewski & Tischewski, Marburg
Reproduktionen:
Lithotronic-Media, Frankfurt am Main
Texte:
Claus Spitzer-Ewersmann, Oldenburg
Fotografie:
Henning Alberti, Hamburg (www.henningalberti.de)
Max Nemo Mertens, Hamburg
Karte:
Thorsten Trantow, Kenzingen (www.trantow-atelier.de)
Umschlaggestaltung:
posi.tiff Dienstleistungen GmbH, Frankfurt/Main
Herausgeberin:
Katharina Többen, Neckargemünd
Lektorat:
Monika Stumpf
Druck und Verarbeitung:
Nino Druck GmbH, Neustadt/Lachen-Speyerdorf
Printed in Germany
ISBN 3-86528-339-X

Die Rezepte sind üblicherweise für 4 Personen ausgerichtet.

Besuchen Sie uns im Internet: www.umschau-buchverlag.de

Titelfotografie:
Schokoladentorte der Konditorei Weber, S. 45,
„Die Rösterei", S. 21, fotografiert
von Max Nemo Mertens.

Wir bedanken uns für die uns freundlicherweise zur Verfügung gestellte Fotografie von Claus Spitzer-Ewersmann auf S. 56 (links).

Fotografie von Henning Alberti:
S. 30/31, S. 49, S. 62/63, S. 66, S. 78/79, S. 80/81, S. 86, S. 90/91, S. 95, S. 98 (rechts), S. 105, S. 110 – S. 115, S. 120/121, S. 126/127, S. 136 – S. 139, S. 147 (unten Mitte, unten rechts).

Fotografie von Max Nemo Mertens:
S. 4 – S. 29, S. 32 – S. 48, S. 50 – S. 61, S. 64/65, S. 67 – S. 77, S. 82 – S. 85, S. 87 – S. 89, S. 92 – S. 94, S. 96/97, S. 98 (links, Mitte), S. 99 – S. 104, S. 106 – S. 109, S. 116 – S. 119, S. 122 – S. 125, S. 128 – S. 135, S. 140 – S. 146, S. 147 (oben, unten links), S. 148 – S. 175.